传世励志经典

一枝一叶总关情

扬州八怪

宁志忠 编著

中华工商联合出版社

图书在版编目（CIP）数据

一枝一叶总关情：扬州八怪 / 宁志忠编著. --北
京：中华工商联合出版社，2015.11
ISBN 978-7-5158-1508-4

Ⅰ．①一… Ⅱ．①宁… Ⅲ．①扬州八怪－生平事迹
Ⅳ．①K825.72

中国版本图书馆 CIP 数据核字（2015）第 259758 号

一枝一叶总关情
——扬州八怪

作　　者：宁志忠
出 品 人：徐　潜
策划编辑：魏鸿鸣
责任编辑：林　立
封面设计：周　源
营销总监：曹　庆
营销推广：王　静　万春生
责任审读：郭敬梅
责任印制：迈致红
出版发行：中华工商联合出版社有限责任公司
印　　刷：天津旭丰源印刷有限公司
版　　次：2015 年 12 月第 1 版
印　　次：2023 年 4 月第 4 次印刷
开　　本：710mm×1020mm　1/16
字　　数：200 千字
印　　张：13.5
书　　号：ISBN 978-7-5158-1508-4
定　　价：49.80元

服务热线：010－58301130
销售热线：010－58302813
地址邮编：北京市西城区西环广场 A 座
　　　　　19－20 层，100044
http://www.chgslcbs.cn
E-mail：cicap1202@sina.com（营销中心）
E-mail：gslzbs@sina.com（总编室）

序

　　为了给《传世励志经典》写几句话，我翻阅了手边几种常见的古今中外圣贤大师关于人生的书，大致统计了一下，励志类的比例，确为首屈一指。其实古往今来，所有的成功者，他们的人生和他们所激赏的人生，不外是："有志者，事竟成。"

　　励志是动宾结构的词，励是磨砺，志是志向，放在一起就是磨砺志向。所以说，励志不是简单的立志，是要像把刀放在石头上磨才能锋利一样，这个磨砺，也不是轻而易举地摩擦一下，而是要下力气的，对刀来说，不仅要把自身的锈磨掉，还要把多余的部分都要毫不留情地磨掉，这简直是一场磨难。所有绚丽的人生都是用艰难磨砺成的，砥砺生命放光华。可见，励志至少有三层意思：

　　一是立志。国人都崇拜的一本书叫《易经》，那里面有一句话说："天行健，君子以自强不息。"这是一种天人合一的理念，它揭示了自然界和人类发展演化的基本规律，所以一切圣贤伟人无不遵循此道。当然，这里还有一个立什么样的志的问题，孔子说："士不可以不弘毅，任重而道远。"古往今来，凡志士仁人立的都是天下家国之志。李白说：大丈夫必有四方之志，白居易有诗曰：丈夫贵兼济，岂独善一身，讲的都是这个道理。

二是励志。有了志向不一定就能成事，《礼记》里说："玉不琢，不成器。"因为从理想到现实还有很大的距离。志向须在现实的困境中反复历练，不断考验才能变得坚韧弘毅，才能一步一个脚印地逐步实现。所以拿破仑说：真正之才智乃刚毅之志向。孟子则把天将降大任于斯人描述得如此艰难困苦。我们看看历代圣贤，从世界三大宗教的创始人耶稣、穆罕默德、释迦牟尼到孔夫子、司马迁、孙中山，直至各行各业的精英，哪一个不是历经磨难终成大业，哪一个不是砥砺生命放射出人生的光芒。

三是守志。无论立志还是励志都不是一朝一夕、一蹴而就的，它贯穿了人的一生，无论生命之火是绚丽还是暗淡，都将到它熄灭的最后一刻。所以真正的有志者，一方面存矢志不渝之德，另一方面有不为穷变节、不为贱易志之气。像孟子说的那样："富贵不能淫，贫贱不能移，威武不能屈。"明代有位首辅大臣叫刘吉，他说过：有志者立长志，无志者常立志，这话是很有道理的。

话说回来，励志并非粘贴在生命上的标签，而是融汇于人生中一点一滴的气蕴，最后成长为人的格调和气质，成就人生的梦想。不管你做哪一行，有志不论年少，无志空活百年。

这套《传世励志经典》共收辑了100部图书，包括传记、文集、选辑。为读者满足心灵的渴望，有的像心灵鸡汤，营养而鲜美；有的就是萝卜白菜或粗茶淡饭，却是生命之必需。无论直接或间接，先贤们的追求和感悟，一定会给我们带来生命的惊喜。

徐　潜

前　言

　　"天下三分明月夜，二分无赖是扬州。"康乾时期，扬州地处要冲，依傍运河勾连南北，辐射东南，客货集散，络绎不绝；名商巨贾"腰缠十万贯，骑鹤下扬州"，骚人墨客在此风云际会，各展雄毫，政客乡绅附庸风雅推崇诗画文章，平头百姓则信奉"堂前无字画，不是旧人家"……扬州地界上的一切元素都是如此欣欣向荣、生机勃勃，就像一个新陈代谢急速运行的机体在不停地生发、解构、孕育、滋生……

　　说起扬州，就不得不说说那悠悠运河。大运河承载了扬州古城的兴衰变迁，扬州城点缀了大运河的蜿蜒绵长。扬州城始建于春秋末年，吴王夫差为北上伐齐，于开凿沟通长江和淮河的邗沟同时，筑起了一座邗城，即今扬州城的前身。而邗沟则成为扬州运河起源，在各朝多有疏通或修筑。到了隋代，炀帝开凿贯通，通达自北向南的海河、黄河、淮河、长江，以及钱塘江五大水系，后经元朝取直疏浚，成为现今的京杭大运河。运河的开凿起初是出于政治、军事目的，但随着时间的推移，大运河客观上成为连通南北经济的大动脉，并对其流域的城市变迁也产生了重大的影响。自隋唐以来，东南地区便有三大政的说法：漕政、盐政和河政。扬州及其周围的两淮地区，处于这三大政的冲要之地，到了清朝，扬州便与江宁、苏州和杭州并称东南四大都会。商品经济的发展壮大使得扬州成为酝酿创新人才的广袤沃土。

优越的地理位置使得扬州逐渐成为南北交通的枢纽和全国财货的集散地，成为盐运漕运的重镇。随着商品流通领域的扩大，经济活动的频繁，扬州也出现了继汉唐以后的第三次繁荣。据乾隆《两淮盐法志序》记载："全国赋税之半来自盐课，而两淮盐课又居天下之半"，嘉庆《两淮盐法志》同样提出："两淮盐课当天下租庸之半。损益盈亏，动关国计"。清代两淮一带有全国最大的晒盐场，"煮盐之场较多，食盐之口较重，销盐之界较广，故获利最夥也"。每年有十亿斤以上的海盐经扬州行销安徽、江苏、江西、湖南、湖北等地。当时盐税几乎占全国税收的 1/4 还多。在清康熙、雍正、乾隆三朝，江淮盐商已俨然成为一个不可小觑的利益集团，并与广东行商、山西票商这两个全国商业资本集团三足鼎立，盛极一时。

乾隆三十七年（公元 1772 年），盐业的繁荣催生了一批富可敌国的盐商，名噪一时的有"八大盐商"和"八小盐商"。资财百万以下为"小商"，资财千万以上者也大有人在。这些财产在当时是什么概念呢？记得在《红楼梦》第三十九回中，刘姥姥二进贾府，感叹贾府一顿酒席的花费："……一共倒有二十多两银子。阿弥陀佛！这一顿的银子够我们庄稼人过一年的了。"再看八大总商之一的黄均泰，"家中畜母鸡百余头，所食之饵皆参、术等物，研末掺入"。黄均泰每天早上先吃燕窝，喝参汤，然后再吃这种母鸡生的蛋两枚。

扬州还流传着"一夜堆盐造白塔"的传说。说是一次乾隆在瘦西湖中游览，船到五亭桥畔，忽然对扬州陪同官员说："这里多像京城北海的琼岛春阴，只可惜差一座白塔。"第二天清晨，皇帝开轩一看，只见五亭桥旁一座白塔巍然耸立。身旁太监连忙跪奏道："是盐商大贾，为弥补圣上游西湖之憾，连夜赶制而成的。"尽管只可远视，不可近攀，但乾隆不无感慨地说："人道扬州盐商富甲天下，果然名不虚传。"据说，这塔就是当时八大盐商之一的江春用万金贿赂乾隆左右，请画成图，然后一夜之间用盐堆成的。富商财力之雄厚由此可见一斑。

有些富豪挥金如土到了令人费解的地步，但这只是少数，以"亦商亦儒，又雅又俗"闻名天下的扬州盐商大多数还是生财有道，用财有方的。

一般的富豪金主财大气粗，尽可以用钱财享受声色犬马的欢愉，也能轻松打通社会上的关关卡卡摆平遇到的问题，但是他们却买不来所谓的文化与内涵，终究难脱"土豪"之嫌。但是文化气息浓厚的江淮地区可以将腰缠万贯的大商人熏陶得清新脱俗，不仅在驰骋商场时游刃有余，也通过文化来体现自己的财力和品位：资助书院，兴建园林，筹建私人藏书馆甚至博物馆，举办各种形式的文化"沙龙"……虽然他们当时也许只是为了附庸风雅、装点门面，但在客观上推动了文化市场的繁荣和当地文教的发展，这也更激发了一大批卓尔不群的书画家的创作灵感。有时盐商的品位甚至把持着江淮的艺术作品的标准，他们追求新奇巧思，于是，打破传统桎梏的"扬州八怪"的书画作品渐受追捧。

总而言之，江淮富商已不是浑身铜臭气的"土豪"，渐渐摆脱了世人对他们"盐呆子"的蔑称。他们日益意识到文化和教育的重要性，使自家门第也书香萦绕。当时，士商合流的现象已经蔚然成风。比如，大盐商马曰琯一生喜爱写诗、藏书和结交文人雅士，雍正年间，在扬州建造小玲珑山馆，广交天下名流，"四方人士闻名造庐，授餐经年，无倦色"。他的小玲珑山馆藏书甚丰，私人藏书扬州第一，书画收藏数量也是一流的。著名学者全祖望、厉鹗、金农、郑板桥、陈章等都是小玲珑山馆的常客。马曰琯曾自为馆主，同厉鹗等人结"邗江吟社"，吟诗作赋、游历山水。马曰琯还替郑板桥还清债务，袁枚说马曰琯"横陈图史常千架，供养文人过一生"。可见亦商亦儒的扬州富商对扬州文人的支持是功不可没的。作为一个文人，一生最高的追求莫过于金榜题名、金印紫绶。这是现世的追求，但还有一件事长远来看重要性并不亚于前者，那便是著书立说，以藏之名山、传之后人。在当时，想要刊印自己的著作需要大量资财，这是穷苦文人所难以负担的。这时，盐商就会出面，帮他们解决这个问题。"八怪"中汪士慎的《巢林集》就是由马氏玲珑山馆刻印；金农的《画竹题记》也由江春镂版行世。

将"艺术赞助商、文艺产业缔造者"的称号授予这些功不可没的盐商，是当之无愧的。正是扬州盐商的推波助澜，造就了扬州文风大盛的局面，各地怀才挟艺之人纷纷集聚扬州，堪称"海内文士，半集维扬"。经济的繁荣，又促进了文化艺术事业的兴盛。各地文人名流，汇集扬州。当时的扬州，不仅是东南的经济中心，也是文化艺术的中心。以书画来说，据《扬州画舫录》记载，本地画家及各地来扬画家稍具名气者就有一百数十人之多。

康乾时期，距离清军入关已有将近百年的时间了，当时，康熙、乾隆皇帝推崇程、朱理学，以儒家学术为治国之本，刻苦学习汉人文化，在清代形成了苦读汉书、研究汉学，推崇书画艺术、以儒学治理天下的风气。《清先正事略序》云："圣祖尝自言，年十七八时，读书过劳，至于咯血，而不肯少休。毫釐而手不释卷，临摹名家手卷，多至万余；写寺庙匾榜多至千余。"清朝皇帝的勤奋好学在历代皇帝中所罕见。"上有所好，下必效焉。"清代扬州诗风炽烈，收藏书画成为风气，盐商大贾和达官贵人之家堂前无不挂有名人字画，形成了巨大的绘画市场，以至四方画家纷至沓来，卖画扬州以求生计。

但是，以禁书、毁书、文字狱为主要手段的思想钳制和文化高压政策更是令整个社会的思想文化状况日益倾向于泥古不前。乾隆一朝，影响波及全国的文字狱达到 74 起，这令人窒息的文化专制主义，在江南制造了恐怖而压抑的空气。但《红楼梦》、《儒林外史》以及《聊斋志异》等文学巅峰之作都是这一时期闪烁不羁才情与超前思想的代表作。

所幸，艺术书画领域较之于文字领域是相对宽松的。尽管清前期的中国画坛由于保守思想的笼围，以临摹照抄为主流，陈陈相因，缺乏生气。皇家贵族更是提倡拟古仿古，仅仅把书画艺术看作是一种模仿的技术，供人玩赏。但是在日新月异活力迸发的扬州，各种元素一齐合力造就了造诣超群、影响深远的"扬州八怪"。他们大胆突破主流画风的束缚，勇于表达自身的独创性和叛逆性，以鲜明的个性特点和创作风格，创作出惊世骇俗的作品，在丹青水墨史上留下独特的色彩。而这几位"怪人"也用其独有的传奇人生饱蘸颜料为后人留下一个个浓得难以化开的经典故事。

目 录

第一章 我今不肯从人法，写出龙须凤尾来
——郑板桥传

郑板桥（公元 1693—1765 年），名燮，字克柔，号板桥。郑板桥乃康熙秀才，雍正举人，乾隆进士，"扬州八怪"之一，中国"诗书画三绝"的一代才子。他在思想界、文学界和艺术界，都享有极高的声誉和地位，他的自信自豪自强的人格特征，在民间广泛的影响力，使得他成为家喻户晓的文化名人。

第一节 成长经历

1. 清苦童年

郑板桥生于江苏兴化东门外古板桥。兴化当时是一个小县城，幽静而质朴。兴化古称邵阳、楚阳、阳山，隶属于扬州府，作为典型的南方古城，岁月的精心浇灌和沧桑人世的堆砌使得小城散发着钟灵毓秀的特质。郑板桥的诞生和成长是兴化这片沃土滋养的结果，而兴化也因为郑板桥平添了几分传奇色彩。

康熙三十二年即 1693 年，十月二十五日这天是"小雪"，按

照兴化百姓的说法，今天是"雪婆婆生日"。郑立庵在屋里时而踱步时而思忖，坐卧不安。因为今天他的妻子汪氏要临盆产子了，这可是他晋升父亲的关键时刻。古时候的生育水平很低，不是因为生的孩子少，而是医疗、卫生、营养等条件跟不上，造成胎儿夭亡的概率很大。

"更何况，我妻汪氏体弱多病，身子骨一直是病恹恹的，唉……羸弱的妻啊，不知道你能不能熬过这一劫……"立庵先生心里焦急不已，自顾自地念叨个不停，"祖母啊，您老在天之灵一定要保佑我郑氏子嗣兴旺啊……"又想到不久前辞世的祖母陈老太太，立庵不禁悲从中来，真是"屋漏偏逢连夜雨，船迟又遇打头风"。死者为大，按照当时的风俗是不允许产妇在刚有人过世的家里诞子的，认为那样血光会冲煞了亡灵。所以挺着大肚子眼见得就要生产的孕妇汪氏在自家婢女费氏的陪同下，好不容易在乡下觅得愿意收容自己的一家人。

以至于郑板桥人到中年、升任县令以后，还是对这家人景仰不已。"下甸一家，派虽远，亦是一脉，皆当有所分惠。"郑板桥在《范县署中寄舍弟墨》中嘱咐弟弟郑墨往乡下带回些钱财，记得给当年收留母亲产子的人家也送去一些。

就这样，十月二十五日子时，汪氏生下了板桥（后来，与"雪婆婆"同一天出生的郑板桥也觉得自己很不一般，并刻有一方"雪婆婆同生日"的印章，沿用到中年）。板桥打娘胎里就不是很壮实，幼年清瘦弱小的体格一直是疾病缠身。为此，家人为他取了一个小名——"麻丫头"。在农村，生养孩子，夭折的概率是很大的，大人们认为名字越是"贱、丑、俗"，小孩子越好养活，所以小板桥被家人唤作"麻丫头"，家人希望他能茁壮成长，远离疾病灾祸。当然，小板桥的脸蛋上确实有些麻子。同样的，板桥还有一方刻有"麻丫头针线"的印，将自己的作品戏称为"针线"。直到入学之后，郑板桥才因为算命得知五行缺火，起名"燮"，字克柔。

郑板桥的曾祖父和祖父都是读书人。他的父亲郑之本，字立庵，号梦阳，廪生，靠在家授徒为生。《郑板桥雍正十年杭州韬光庵中寄舍弟墨》中提到翻检家中旧书箱，找到了前几代家奴卖身的契约，立刻就在灯下把它们都烧光了。说明郑板桥祖上是大户人家，只是后来家道中落了……郑板桥的父亲是村里的教书先生，作为一个老秀才，他和郑板桥的祖父郑清之都没有走上坦荡的仕途。但作为书香门第的郑家，还是将通过读书举业实现平治天下的传统延续下去。郑板桥的父亲和叔叔郑省庵在祖父郑清之的培养下，都成为饱读诗书、严谨认真的学问人。

正是看中了郑家的朴实好学，兴化名士汪翊文才不顾郑家贫寒，将爱女嫁给了郑之本。可是汪氏在生下小板桥后，仅三年就命赴黄泉了。"我生三岁我母无，叮咛难割襁中孤"是郑板桥三十岁时的诗作，设想了当年母亲辞世的情景，令人动容；"登床索乳抱母卧，不知母殁还相呼"，毕竟当时三岁孩童的他还不能理解生离死别的含义。

当时的立庵先生是粗枝大叶的男人，又要外出教书养活一家人，看着嗷嗷待哺的幼子，他是一筹莫展。所幸的是，当年服侍汪氏的侍婢费氏并没有离开郑家，尽管年成不好，郑家甚至管不起费氏的饭，费氏还是毫无怨言地每天赶到郑家帮忙，然后回自己家吃饭，只为了尽心尽力地抚养怀里这个小"麻丫头"。

费氏总是在清晨背着小板桥去集市，用自己的钱买个热乎乎的饼子塞在小家伙的手里，自己却什么都舍不得吃。但凡有什么好吃的，必定是先让小板桥吃……费氏对小板桥胜过对自己的亲儿，就是这种舍己育人的品质令郑板桥念念不忘："平生所负恩，不独一乳母。长恨富贵迟，遂令惭恧久。黄泉路迂阔，白发人老丑。食禄千万钟，不如饼在手。"

板桥五岁时，父亲迎娶郝氏，小板桥从此又有了一个完整的家庭。郝氏虽是后母，却视板桥如己出，对他呵护备至。另外，之前提到的板桥的叔叔郑省庵，虽比郑立庵只小两岁，但是成家立业较晚，所以一直和哥哥一家住在一起。这样，板桥就可以在父亲出门教书的日子里和叔叔一起玩耍，同吃同睡。

小板桥总是在夜里尿床，叔叔也从未责怪过他，还帮他把湿处用体温暖干，一床败絮零星、薄如空橐的布被盖不住全体，挡不住寒风，却能让板桥倍感温暖。"护短论长潜覆匿"的叔叔在郑板桥的童年里给予了他无限的关爱。因为有这些疼爱他的家人围绕着小板桥，这段时光成了郑板桥虽苦犹甜的难忘回忆。

兴化四面环水，湖泊连缀，渔船往来江湖之上，穿梭不停。小板桥家在城东南角古板桥。住宅背靠城垣，门临城河，日光下碧水荡漾、波光粼粼。板桥与小伙伴们取鱼捞虾，撑船结网，自得其乐。郑家宅院虽只有茅屋几间，但是院子南面却育有一片小竹林。

每到夏天，新竹长成，片片绿荫盖满院子。小板桥常常搬出一张小床放在林中，日光斑驳，星星点点洒落在身上。清风徐来，也吹得这些光影摇曳起来。冬日里，小板桥便在屋里，看着阳光下竹枝竹叶的影子投影在纸窗上，风吹影动，竹子的各般情态便生动地印在他的脑海中。"凡吾画竹，无所师承，多得于纸窗粉壁日光月影中耳！"正是从小对竹子细心的观察造就了板桥日后画起竹子来得心应手。

然而，在郑板桥七岁那一年，兴化闹了饥荒，就算是无怨无悔的乳母费氏也忍冻挨饿到了极限。费氏悄然离开了郑家，但三年后，日子好过了许多，费氏又回来照顾已经是小男子汉的板桥。即使是次年费氏的儿子做了官，多次请母亲回家享清福，也没能把她从板桥身边唤走……

板桥幼年时就很好学，因为江南寒门子弟只有高中南闱，走上仕途，才能不沦为贩夫走卒。像郑家这样的寒儒之家，挣扎在依靠体力过活的农民和读书人家之间。所以，小板桥很懂事，读书格外用功。

"东邻文峰古塔，西近才子花洲"这副郑家大门上的对联，尽管破旧不堪、字迹难辨，却可以看出郑家殷切希望自家子弟能学有所成、光耀门第的愿景。

"随其父学，无他师也"，父亲立庵是村馆的教书先生，小板桥就跟着父亲完成了他的启蒙教育。另外，板桥的外祖父汪翊文是本地的名士，学识渊博，隐居未仕。同时，还有后母郝氏的族叔郝梅岩。梅岩老先生也是盐城（郝氏是盐城人）当地的名儒，设私塾于郝家庄西北的净土庵，教出了一大批水平颇高的学生。每每郝氏归宁省亲就会带着板桥同去拜访梅岩老先生。

当年梅岩先生赴考，卷子为考官所垂青，单放一旁，结果放榜时，忘记了这份优秀的答卷。后来又补上了，但梅岩先生对此很是无所谓："既已落榜，何必再补。"说罢又转身教书去了。难怪中年时，板桥赠这位桀骜的老师这样一副对联："虚心竹有低头叶，傲骨梅无仰面花。"

这两位老先生的细心指教使得小板桥的诗文水平不断提高，自云："板桥文学性分，得外家气居多。"所谓"外家"说的就是这两位外家亲戚。

有一次，梅岩先生令众学生各言其志，拟对联一副。板桥也在其中，他略一思忖，挥毫纸上："其人如碧梧翠竹，其志在流水高山。"梅岩先生颔首捋须，从此更加重视这个志存高远的小徒弟了。

板桥常在净土庵里随手写写画画，成名以后，这些字迹都被郝家庄的乡亲们保存了起来，只可惜后来的净土庵，毁于1931年腊月初八的一场火灾，板桥少年时那些悬挂于净土庵的作品也荡然无存了。

郑板桥从小身体瘦弱，长相很不出众，不是个看着讨人喜欢的孩子。成年板桥的画像上是这般模样：脑门儿宽阔，颧骨突出，略显尖嘴猴腮，眼眶大、双眼微眍，全无神采，一对招风耳奇形怪状，鼻似悬胆，溜肩垂坠……这副模样没有一点儿古人所谓的"富贵相"，甚至可以说有些难看，若非熟识，他的形象确实不太招人待见。乡人"人咸易之"，板桥自己也说自己的长相简直是"寝陋"，即相当丑陋。所谓"人讳言之我极言之"，不遗余力地表达自己的满不在乎，只是为了缄他人口，其实可以推想其内心的自卑和敏感。然而就是这个从小被唤作"麻丫头"的板桥，其"针线"还是备受后人追捧，这便是他对讥笑者最有力的回应。

尽管如此，小板桥还是展露出他极其聪慧的一面。郑板桥家隔壁有个铁匠铺，立庵先生曾以此为题，出上联："两间东倒西歪屋。"一帮孩童七嘴八舌议论起来，在大家低头沉思念念有词之时，小板桥脱口而出："一个千锤百炼人！"立庵先生又惊又喜，为师为父的他甚至有点儿自豪。

这则小故事中的对联不由得让人想到徐渭在《青藤书屋图》上的题联："两间东倒西歪屋，一个南腔北调人。"徐渭是明代著名文人，并且对板桥的一生都影响深远，何其相似的两副对联，仿佛冥冥之中暗示着两人相像的性格品质和命运走向。

乡人都知道郑家的小子聪明得很，立庵先生更是在教育小板桥方面倾注了很多心血，也希冀小板桥能中举成名有所作为。

"无端涕泗横阑干，思我后母心悲酸。十载持家足辛苦，使我不复忧饥寒。时缺一升半升米，儿怒饭少相触抵。伏地啼呼面垢污，母取衣衫为前洗。呜呼三歌兮歌彷徨，北风猎猎吹我裳。"

这是郑板桥在其诗《七歌》中对养育了自己将近十年的后母郝氏的追忆。板桥对于悉心照料自己，处处为自己着想的后母充满了感激之情。但是就在板桥十四岁时，后母郝氏也与世长辞了……

光阴荏苒，小板桥已经逐渐从毛头小子长成大男子汉，尽管日子过得清贫，时常青黄不接，可读书不曾间断；尽管不是每个人都喜欢他，但有这些呵护他疼爱他的人陪着他一起成长，想来，总还是幸运的。

2. 青年板桥

在郑板桥看来，兴化有三人是他所佩服不已的：种园先生陆震、竹楼王国栋和桐峰顾于观。郑立庵对陆种园的才学和为人也是由衷地钦佩，所以郑板桥在十五岁左右时被父亲交给陆种园。古人推崇"易子相教"，即彼此交换孩子进行教育，避免教育过程中父子相互求全责备，造成关系疏远，感情生隙。

陆种园，家住扬州以南数十里的真州毛家桥村，祖先陆蓉是洪武、永乐年间的名臣，出使过朝鲜，并被明成祖称赞"诗书画三绝"；父亲陆廷伦，明亡清兴后，拒不仕清，把自己关在小竹楼里30年，不曾下楼；而陆种园少负才气，长于古文和草书，行为完全不受世俗所拘束，简直是当时的狂人，而且他淡于名利，不求显贵宦达，完全是体制之外的闲云野鹤。

不仅如此，他还是一位虔诚的爱国者，青年时写有《兀鲁特入寇·调寄沁园春》等诗，表达了对外族入侵边疆的愤怒，和渴望请缨杀敌、投笔从戎的壮志雄心。他一心要"扫尽胡尘"的愿景是他热爱祖国山河的体现，这种爱国情操在学生板桥身上得以延续和传承。

《重修兴化县志》中记载：陆种园贫而好饮，痛饮之后经常把自己的笔抵押在酒铺，如果有人求他写字作画，就只得先去酒家帮他将笔赎回来，方才请他动笔。虽然陆种园家里一贫如洗，却还是多次救济朋友于危难。

一次，一个朋友急需钱用，找到陆种园帮忙，他二话没说拿出自己祖上出使朝鲜时带回来的诗卷，这宝贝是代代相传的，但种园先生还是爽快地借给了朋友，让他拿去典当。结果朋友不慎把这宝贝弄丢了，羞愧难当，感到没有办法交代，但是陆种园一副满不在乎的样子说："一卷破诗，丢就丢吧。"

所以，陆种园的豪放不羁直接影响了性格气质正在形成中的郑板桥，陆种园"沉着痛快"的文风也深深烙印在郑板桥的笔上。种园曾写有《忆江南·辛巳清明》，有两首分别这样写道："清明节，不异峭寒时。燕子来比前日早，梨花开较去年迟，闭门雨丝丝。""清明节，僻县人也忙。十里红裙山子庙，一船春酒郭家庄，两岸菜花黄。"词中都是本地风物，透露出非常浓烈的乡土气息，家乡的草木景物都是词人所热情讴歌的。

在郑板桥的《端午五首》中，亦用《忆江南》为词牌，其中两首是："端阳节，正为嘴头忙。香粽剥开三面绿，浓茶斟得一杯黄。两碟白洋糖。""端阳节，妇子乱忙忙。寸剪菖蒲和滚水，一杯烧酒拌雄黄。额上字涂王。"可以看出，两位词人都从本地风俗的细节处着眼，生动形象描绘出生趣盎然的农家张罗过节的轻松氛围。后者的模仿痕迹甚至有些过重，这些诗词是由兴化本地学者收集并提供，这些郑板桥早年的诗词可以看出师出种园的板桥对老师的敬仰和尊重。

从小就在贫苦生活中挣扎着的郑板桥，面对这位和自己有相同经历却能将困顿生活描写得如此别开生面的老师，知遇之情难以言说。良师益友，得之有幸，种园老师对郑板桥的培养和提点使他难以忘怀，郑板桥在《七歌》中大书"吾师"二字，无不自豪，并在《词钞》的"自序"中写道"陆种园先生讳震，邑中前辈。燮幼从之学词"。

除了种园先生陆震，还有"竹楼王国栋"和"桐峰顾于观"也受到青年郑板桥的推崇。这两人是郑板桥学于种园先生时的同窗。

王国栋，字殿高，一字竹楼，工于作诗，书法更是一流。常年客居扬州、通州（今江苏省南通市）等地，并与"扬州八怪"其中的黄慎、李鱓有过来往。而桐峰，即顾万峰，名于观，"桐峰"是他的字，此人也是长于诗书，古诗古文很精通，对于科举考试很是不屑。就是这样两个有点愤世嫉俗却才华出众的青年人，和郑板桥意气相投，成为相知一生的挚友。顾于观的文字奇特，不拘一格，为人亦是如此。郑板桥曾这样形容两人之间的友谊："百年若个是知音？日观峰高渤海深。"这友情堪比山高海深，更经得住岁月洗礼，时光考验。

而板桥又带着几分狂傲之气，这点也很像老师陆种园。郑板桥少年的狂名在给堂弟郑墨的家信中有所体现，他自称"狂兄"，并且"好大言，自负太过，谩骂无择。诸先辈皆侧目，戒勿与往来"。而他自己少年时也是"放言高谈，臧否人物"，无所顾忌，口无遮拦。

在性格塑造上，除了恩师陆种园的影响，还有他一生所崇拜不已的明代艺术大师徐渭。徐渭，字文长，号青藤山人，是个才华横溢、思维敏捷的人。他的诗、画、书，以及剧本都独树一帜、堪称一流。偏偏命运捉弄他，使他成为怀才不遇的典型，只得感叹"笔低明珠无出卖，闲抛闲掷野藤中"。他对自己一生辛苦遭逢有所自嘲。

但徐渭的诗、书、画都体现出自身狂放的性格和独到的艺术见解。郑板桥虽然狂放，经常看不起别人，但是对于徐渭，他是佩服得五体投地，他拜读徐渭所写《四声猿》，数十年手不释卷，很是欣赏。曾刻印一枚"青藤门下牛马走"，极言对徐渭的崇拜之情。

在陆种园的教导下，郑板桥的诗词基础得以夯实，并且最终词胜于诗，名扬江南。这时的郑板桥，依然怀揣科举功名梦，将"学而优则仕"奉为圭臬，启蒙教育已经完备，接下来对经书和应试文章的研究，以及书写要力求"乌、方、光"便是走向科举考场的开端。郑板桥以自创"六分半书"闻名于世，然而青少年时期的郑板桥书法还未自成一家，早年作品《秋声赋》为一联楷书，字迹工整隽秀，显然是专门用于应试。他的楷书学于钟繇、王羲之、赵子昂、董其昌，时人临摹赵董之帖成风，郑板桥也是如此，对赵董之"帖学"精通熟稔。

郑板桥不仅写得一手好字，同时博览群书、博闻强记，不仅将经书记得烂熟（据说其能默写"四书"），而且根据自我需要进行判断，广泛涉猎各种书籍。他认为历史才是书籍优劣的筛选者，只有真正有价值、使读者受益终身的经典才能长久留传，他将自春秋如孔子以来的大家或经典进行赞扬或批判——其读书之广博、见解之深刻，都是他多年以来刻苦攻读的结果。

板桥并不排斥八股文，一度认为文章只要写得气韵深沉、沉着痛快就好，尤其喜好"《左》、《史》、《庄》、《骚》、杜诗、韩文"。再后来认为文章要贴合实际、关心民生，写出来要给人以酣畅淋漓之感，如果一味讲求"言外之意"、"言外有言"，那必定是作者在抒发小我，不会引发共鸣，或是笔力不逮，难以说清。

郑板桥二十三岁时，迎娶了同乡徐氏。徐氏的母亲很会解诗，板桥很尊崇这位岳母大人，曾作诗颂之。这位小家碧玉的徐氏不仅把家里安排得井井有条，同时尽心尽力服侍板桥，是一位贤惠的夫人，两人琴瑟和鸣，情深意切，"荆妻试研磨新墨，弱女持笺索楷书"。但终究是巧妇难为无米之炊，家里时常揭不开锅，缺衣少粮的生活确实难熬。板桥二十五岁时，叔叔省庵与婶婶生下堂弟郑墨，家里人丁骤增，而此时的父亲立庵又是疾病缠身。板桥觉得是时候将自己所学报答给家人了，于是告别娇妻弱儿，子承父业继续做教书先生，同时也准备着科考，此时的他还未考中秀才。板桥科举之路多艰，直到父亲立庵先生故去，他才考中秀才。板桥教书是从兴化东乡竹泓港开始的，在这里教了一年书，这里尽是郑氏族人，接下来郑板桥赴真州江村就馆教书，这段经历构成了他日后弥足珍贵的美好回忆。

当年郑板桥的父亲郑立庵就是在真州毛家桥设馆教书，也就是在毛家桥，郑板桥师从陆种园完成了自己的启蒙和读经阶段的教育。这江村也属真州，只不过是一处园林住宅。康熙年间，安徽富商郑肇新是这里的主人，他悉心经营，将江村打造成山水环绕风光旖旎的13处景点。郑板桥就受聘于当时江村大户人家所办的家塾之中，这家塾里都是富人的本家子弟，他就教授一些启蒙教材或者提前给他们讲讲《四书》、《五经》。

郑板桥在江村教书的几年，结识了一帮志同道合、声应气求的文人朋友：鲍匡溪、米旧山、方竹楼、吕凉州诸人，他们都是真州文化名人，与板桥诗文同道，酬唱不断。他们结伴而游，走访了真州的许多名胜遗迹，"真州漫笑弹丸地，从古英雄尽往还"。虽然真州地界不大，可是古往今来与真州结缘的历史人物也有不少。

相传春秋时伍子胥逃楚投吴，途经真州，在"浣纱女"和"渔丈人"的舍命帮助下成功脱险。他当年解剑渡江处即为"胥浦"，河畔建有伍相祠和浣女祠。郑板桥曾写有"伍相祠高百尺楼"、"雨后桃花浣女祠"等诗句。

文山庙地处真州东门外水边处，此庙建于明初，是祭祀宋末文天祥用的，他曾在此领导宋军，组织抗元力量。郑板桥和种园老师一样敬仰有气节不畏死的英雄，有"雪中松树文山庙"等句；明末的黄得功将军在史可法死节扬州之后，宁折不弯、誓死抗清，最终为奸人所害，死后葬于真州西南方山。他这种品格神似板桥一直钟情的高风亮节的翠竹，"行过青山又一山，黄将军墓兀其间"，板桥曾于墓前驻足，深感仰之弥高。

"读万卷书，行万里路"，板桥遍览古今诗书还不满足，他更希望游走大江南北去领略真实的世界。"板桥非闭户读书者，长游于古松、荒寺、平沙、远水、峭壁、墟墓之间。然无之非读书也。"他把用双脚丈量山川也视为"读书"的一部分，是"书外之书"，而在真州的游历就是一个良好的开端。

郑板桥正式开始绘画生涯是在二十二岁左右，在书法精进的同时开始进行绘画练习和创作。他在晚年所画《墨竹图横幅》上题有："今年七十有一，不学他技，不宗一家，学之五十年不辍，亦非首而已也。"家信中说:"学诗不成,去而学写……学写不成,去而学画。"

江馆的清晨,晨雾氤氲,日光朦胧,光影浮动于竹林的疏枝密叶之间,这些美景激发了他无限的创作灵感和热情。根据对大自然的观察,他师法自然,总结了关于眼见、心想、手绘三个环节的相互联系以及深刻启示:"烟光日影露气,皆浮动于疏枝密叶之间,胸中勃勃,遂有画意。其实胸中之竹,并不是眼中之竹也。因而磨墨展纸,落笔倏作变相,手中之竹又不是胸中之竹也。总之,意在笔先者,定则也;趣在法外者,化机也。独画云乎哉!"

当时的李鱓(扬州八怪之一)已经名噪京师以及江淮一带,引得板桥"无不望慕叹羡"。李鱓辞官回到故乡兴化,可谓是衣锦还乡、荣归故里,求画之人登门造访、络绎不绝。晚辈后生虚心求教者更是慕名而来,板桥不仅佩服李鱓的画作更加推崇他的为人。郑板桥认为李鱓"笔精墨妙",自己则是"家数小小"。

虽然在画艺上自叹弗如,但是板桥没有显露出丝毫的谄媚之意。周围人都小心翼翼地规劝他尽量向李鱓靠拢,可他却有意与李鱓在艺术风格上保持距离。身为名满天下的前辈,李鱓对此并不反感,反而很是欣赏郑板桥这样我行我素、不循规蹈矩的年轻人。看了郑板桥的兰竹图,大为赞赏:"是能自立门户者。"这样的评价让郑板桥更加坚定了不走主流画派路线的自我理想。两人彼此欣赏,友谊的种子就此生根发芽,直至滋蔓彼此一生参天的长青之树。

得到提点的郑板桥算是同辈之中的佼佼者,如果就此专心习画鬻画做个画匠,顺应市场需求,凭借自身卓越的才华,一定能让家人过上衣食无忧的生活,然而郑板桥可不认为自己的才华仅限于此，"以区区笔墨供人玩好，非俗事而何"？他还是渴望通过金榜题名改变命运。对当时止步于学古复古的画坛主流思想，青年板桥有着自己的理解。

郑板桥在江村期间潜心作画的同时，眼前美景也使他无不动容："江雨初晴，宿烟收尽，林花碧柳，皆洗沐以待朝暾；而又娇鸟唤人，微风迭浪，吴楚诸山，青葱明秀，几欲渡江而来。此时坐水阁上，烹龙凤茶，烧夹剪香，令友人吹笛，作《落梅花》一弄，真是人间仙境也。"这是郑板桥四十三岁故地重游时的情景，江村之美再一次令他折服。

郑板桥是骨子里带着浪漫洒脱气质的诗人，常有"既窈窕以寻壑，亦崎岖而经丘"般的闲情逸致。虽然没有童仆相伴，但自带长琴一把，路边休息的闲暇，抚琴一操，亦是聊以自慰的好办法。跨上一匹白马，于五更天穿梭山林间，正是东方泛起鱼肚白的时刻，听月落乌啼的天籁，感受万物行将苏醒的生命力，感慨："劳劳天地成何事，扑碎鞭梢为苦吟。"这便是他的七律《晓行真州道中》所描绘的情景，这种游历在美景之中的畅达心情使命途不顺、穷困潦倒的他能暂时忘却现实的苦恼。真州美景始终是板桥脑海里梦魂萦绕，终身眷恋的一幅山水画卷。

郑板桥在江馆有几个颇为满意的学生，在《寄许生雪江三首》中写道："诗去将吾意，书来见尔情。三年俄梦寐，数语若平生……小楼良也静，还忆读书声；闲吟聊免俗，极贱到为儒……时时盼霄汉，待尔入云衢……"他们师生之间的絮语完全像是朋友一般，贴心而真切。追忆往昔，教小小蒙童识文断字，先生一板一眼地教授学生句读文法，就像一辈子教书育人的父亲一样一丝不苟。

这些孩童中一个叫许既白的学生知道恩师对江村情深意切，

难以割舍，在若干年后特意为板桥先生备舟一条，请先生重游江村。即便如此，板桥的经济生活还是没有得到改善，依然是不名一文，时常阮囊羞涩。

"山光扑面因新雨，江水回头为晚潮。"这副挂在真州茶肆的楹联表现了板桥对真州江村怡人景色的钟情，也透露出因教馆生涯遇到难以释怀的苦恼："傍人门户度春秋。"因为家塾主人为教师提供食宿，年终发放的微薄薪金实在是难以养家糊口，因而板桥形容这种状态是："半饥半饱清闲客。"郑板桥还曾在学塾门上贴着一副手写对联："青菜萝卜糙米饭，瓦壶天水菊花茶。"这是一副典型的板桥式对联——调侃、诙谐、机智、幽默。何况郑板桥为人古怪，不太擅长对人情世故的把握，所以他在美丽的江村书馆只教了三年书。

三年韶华逝去，他马上就要到而立之年了，家庭状况一如既往，毕竟独木难支，真是难为了这手无缚鸡之力的一介书生。然而该来的总会来，板桥就这样跟跟跄跄毫无准备地走进了人生中最低落的十年……

第二节 外面的世界

1. 写来竹柏无颜色，卖与东风不合时

康熙六十一年（公元1722年），板桥终于如愿以偿地考中了秀才，他搭上了"康熙秀才"的末班车，可是父亲却没有机会看到了。也就是这一年，康熙皇帝驾崩，郑板桥的父亲郑立庵也在病困交加中离开人世，他的父亲不过五十岁而已，终究还是没有熬到板桥光耀门楣的那天。

郑板桥万分悲痛，想到父亲节衣缩食抚育自己，为人子却没能来得及报还，风树之感油然而生。如今自己也是两女一儿的父亲，为人父母的艰辛更是体悟颇深，不由得潸然泪下，泣不成声。

此时郑板桥家里，已经家徒四壁。没办法，他只得将家中藏书拿去变卖，这可是他作为一个文人最后的寄托，接下来他又变卖了老屋，最后还是四处举债，度过了最艰难的而立之年。

"郑生三十无一营，学书学剑皆不成。市楼饮酒拉年少，终年击鼓吹竽笙。今年父殁遗书卖，剩卷残编看不快……几年落拓向江海，谋事十事九事殆。"这诗句是沮丧的郑板桥对自己30年经历的总结。"见说移家屋，萧然屋几间。有才终落拓，下笔绝斑斓。"

这是好友顾万峰看到板桥卖屋卖书、借债躲债、举家迁居时的落魄所发出的感慨。当时郑板桥的家中炊粮全无，而刻薄的债主们整日叩门催债，板桥拿不出分文，杂七杂八的事情又搅得板桥无心读书，心中更是烦闷不已，正所谓"六歌未阕思离家"，这家实在待不下去了，也只能搬迁了。

郑板桥接着准备三年一次的乡试，认为只有取得永久功名，考取了"举人"，才能彻底解决生计问题。

新科举人第一名称解元，第二名称亚元，第三、四、五名称经魁，第六名称亚魁，其余称文魁，均由国家颁给20两牌坊银和顶戴衣帽匾额。匾额悬挂住宅大门之上，门前可以树立牌坊。新科举人第二年即可赴京参加礼部会试，会试一科或三科不中，也可以经过吏部的"拣选"或"大挑"就任低级官员。

要想走上仕途，取得举人身份是第一步，也是艰难而至关重要的一步。板桥的秀才身份十年不变，乡试三年一科，而他正是十年三落第，直到四十岁方才考中举人，因此四十岁中举时说："十载征途发达迟。"

古人有父母在不远游的训道，如今父亲故去了，他希望自己出去走走，闯荡一番，自谋生路，不能再这样"悲守穷庐"了。郑板桥后来为官时在对舍弟的家信中说道："愚兄少而无业，长而无成，老而穷窘，不得已借此笔墨为糊口觅食之资，其实可羞可贱。"说明早年卖画实属无奈。走投无路的郑板桥虽然心中十分不情愿，但也只能操起"以区区笔墨供人玩好"的画业，奔赴扬州卖画，开始了他"十载扬州作画师"的生涯。

然而这个"尽把黄金通显要，惟余白眼到清贫"的销金之地真实再现了"富者连田阡陌，贫者无立锥之地"的景象。根据记载，扬州人不分贵贱，都喜欢戴花，逛花市因此成为扬州人生活中重要的活动。同时，扬州人的生活方式已经随着经济发展日新月异了，"长夜欢娱日出眠，扬州自古无清昼"，这些前所未闻的情景如今铺展开来呈现在板桥面前，真真切切又缥缈不定，他费解、失落却又无可奈何。

板桥不过是个落魄穷书生，既没有可以依傍的达官显宦，也没有名震画坛的威望，为在扬州找个落脚的地方，他想尽办法，终于觅得可以留宿之处，那就是寺庙。这些寺庙讲求"慈悲"，与市侩的街道市井不同，这里总是为像板桥这样的寒士留一席铺，让他们安心住下。

就这样，板桥在扬州住在有当和尚的族伯所照应的寺庙，与僧侣为伴，帮寺里做些劳务，抄抄经卷，有时还能得到寺里的一碗斋饭，本以为卖卖字画比在乡间收几个小小蒙童的束脩容易得多，谁承想世事多艰竟至此地步。"托名风雅，实处贫困"是他当时生活的真实写照。

　　清代顺治、康熙、雍正三朝有礼佛之举。顺治曾自云前身是僧，取号"行痴"，曾经数次表示出家，以示虔诚对佛之心；康熙一生奉佛，为寺庙题写匾额乐此不疲，所拜名刹古寺遍及大江南北。值得一提的是，康熙曾经在扬州召见石涛和尚，石涛作诗表达了对圣上的感激之情；雍正以熟谙佛理自诩。所以当时社会上参禅奉佛之风尤盛，清初扬州庙宇多达 200 多处，而寺庙里也是香火鼎盛，有时也养些穷书生。郑板桥曾自署"板桥居士"，一生与和尚、方外之士交往密切。流落佛门寺宇中的他曾戏称自己是"乞食山僧庙"。

　　扬州经济繁荣，文化氛围浓厚，文人云集，巨商大贾附庸风雅，小商小贩也不惜重金求购名家字画联匾，装点门面，书画需求量随之不断增加，这些元素也推动了绘画艺术的商品化。这时的扬州书画市场鱼龙混杂是难免的，名家名作受人追捧，无名小卒的画作自然是无人问津，而郑板桥的作品就属于后者，不登大雅之堂，画坛这池"深水"中，他就是只小虾米。当时的扬州书画可以说是深受石涛影响，这石涛就是前面提到的曾经为康熙皇帝召见的僧人。

　　石涛本名朱若极，乃朱元璋重孙靖江王的后裔。幼年时，适逢清军入关，明朝危难之际，从小就流离失所，东躲西藏，被迫出家为僧，过上了隐姓埋名的生活。他游走半生，大江南北皆是羁旅所经之地，晚年倦于漂泊，决定"孤鸿落叶下扬州"，于是在扬州定居度过了人生最后的 15 年。

　　石涛在艺术领域独树一帜，与清廷欣赏的主流画派截然不同，以至于正统派中坚力量"四王"之一的王原祁评价画圣石涛时如是说："海内丹青家不能尽识，而大江以南当推石涛为第一……"石涛声誉日隆，润笔价位很高，受邀出门作画需要雇轿子接送。即便如此，石涛的画作依然热度不减，他的盛名笼罩着扬州画坛。因此时人有"八大开江西，石涛开扬州"之说。

也正是石涛这样剑走偏锋的革新者，才能突破所谓"崇尚摹古"的正统画派的压制，提出"笔墨当随时代"、"我自用我法"的见解，成为不拘一格的扬州画派的开创者。

扬州不似北京、南京等城市那样政治气息浓郁，文艺方面的正统主流势力强大，这里新生观念相互碰撞，人们的思想相对开放，表现在书画上就是大胆创新，绝不因循守旧，而买主的品位更是千奇百怪，难以捉摸，总之是越不平常的画越受欢迎。而众买家也不再是唯求买贵的多金冤大头，他们其中很多人都是所谓的"儒商"，对书画作品有一定甚至较高鉴别能力，板桥毕竟不够资历被人推上书画市场的风口，其作品也委实难以称作上乘佳品，所以处境艰难也是理所当然的。

"写来竹柏无颜色，卖与东风不合时"，这是板桥回忆起在扬州的落魄所咏叹的诗句。当然鱼龙混杂的情况在买家中更是司空见惯，有些不太懂行的富人为了标新立异、突显自我品位，往往提出一些不可理喻的要求，也因此闹出了很多笑话。

据丁家桐、朱福烓所著《扬州八怪传》记载：有暴发户弟兄三人要板桥写块匾，为新砌的华堂题名，但是态度十分倨傲。郑板桥受气，但不好发作，给他们写了个"竹苞堂"，"苞"的上端，用隶法写了个"艸"字。三人得意地悬匾堂上，大宴宾客。饮宴中，有个明眼人说："这匾上写的，不是'个个草包'吗?"众人细看，果然如此，惹得哄堂大笑。

在郑板桥还未中秀才时，板桥的同乡——曾在宫廷作画多年的李鱓辞官回到扬州。李鱓已经拥有"名噪京师"的至高声誉，郑板桥称赞他"丹青纵横三千里"，回身再看自己，餐饭不周，得过且过……

可他毕竟不再是"一人吃饱全家不饿"的单身汉，家中还有妻子和儿女。"千里还家到反怯，入门忸怩妻无言"，"归来对妻子，局促无威仪"，堂堂七尺男儿回到家中没能实现当时临走前设想的让家人过上好日子的承诺，他是没有丝毫底气的。虽然妻子徐氏并没有责怪丈夫，但两人坐在空空荡荡的家里相对无言不知说什么好。郑板桥心里觉得亏欠家人太多了，扭扭捏捏，手脚都不知该怎么放。

当年的同窗顾万峰要前往山东做幕僚，板桥作词为其饯行，即《贺新郎·送顾万峰之山东常使君幕》词二阕，其中传达出这样的意思来：当年父母生下我这个男孩，按照风俗于家门左首挂一张弓，以射天地四方，寓其长而有志于四方。然而我活了这么多年，像个女子一样，连个远门都没出过，也没混出个人样。如今万峰你骑上骏马就要平治天下了，兄弟我真是好生羡慕啊……

"此去唱酬官阁里，酒在冰壶共把，须勖以仁风遍野。如此清时宜树立，况鲁邹旧俗非难化，休沉溺，篇章也！"郑板桥在此嘱咐好友一定要在政治上有所作为，清白为官，造福百姓。这样的想法何尝不是入仕无门的板桥早就在心底酝酿已久的？如今只能让好友去替自己践行志向，看着策马奔腾而去要实现自己抱负的朋友，以及他最后消失在地平线的背影，板桥百感交集，对于理想和现实的难以契合，他心中五味杂陈，莫衷一是。

所谓"福无双至，祸不单行"，于父亲郑立庵谢世不到两年，在郑板桥人生最灰暗的时期，郑板桥唯一的小儿子也夭逝了……"天荒食粥竟为长，惭对吾儿泪数行。今日一匙教汝饭，可能呼起更重尝……坟草青青白草寒，孤魂小胆怯风湍……"跪在爱子坟前的父亲，愧疚难当，而立之年却未能在社会上安身立命，因为自己无力营生竟使得亲生骨肉夭逝，他颤抖着拿着汤匙猛扑在土包上："儿啊，再喂你一口饭，你会不会醒来再叫我一声'爹'？啊……这天寒风大，让我怎么忍心留你在这荒郊野外，我儿尚小，不要惊吓了他哟……"

所幸有的扬州商人确实践行了"亦商亦儒"的信条。比如接济过郑板桥的马秋玉，他和弟弟马佩兮并称"扬州二马"，他们不仅是富庶的盐商，还是热心文化事业的儒商。在扬州建造小玲珑山馆，堪称南方园林的典范，山馆藏书多达十余万卷，号称"江北第一"，文人墨客往来不绝，兄弟二人也十分好客，尤其喜欢结交有才之士，"四方人士闻名造庐，授餐经年，无倦色"。

《清稗类钞》记载：葬父之后，郑板桥曾经为躲债，避往镇江焦山，投奔在焦山为僧的同乡。扬州徽商马秋玉这时也住在焦山，一番交谈之后，马秋玉觉得郑板桥有真才实学，很是佩服，邀郑板桥移寓和他共处，朝夕对弈、联句，谈诗论文。几天过去，郑板桥不知家中消息，连日面有忧色。马秋玉问道："先生雅人，我俩初识，切磋诗文才得其乐，为何郁郁寡欢、愁眉不展？"郑板桥以实情相告，马秋玉没说什么。又过了十几天，郑板桥实在放心不下家里，便告别马秋玉匆匆回家。

一到家，看见许多人在清扫房舍，以为自己的房舍租赁他人还债了。急忙找来妻子询问。妻子说："前几天，你寄回三百两，债都还清了。还剩下一些钱，就又请来匠人整修房舍，以防梅雨天到来呢！"郑板桥叹道："马君真君子也！"这一年，郑板桥奔赴扬州与马秋玉订交，遂成为高山流水的知己。

还有另一种说法是郑板桥初到小玲珑山馆，主人以雪为题，请诗客吟诗。由于郑板桥形容枯槁，衣着寒酸，许多人都看不起他。大家起哄，要这个穷秀才即兴吟诗，想看他的笑话。郑板桥不慌不忙，张口就来："一片两片三四片，五六七八九十……"众人简直失笑喷饭满案，郑板桥也微微一笑，稍待众人情绪平复歇气坐好，大大方方地诵出后两句："千片万片无数片，飞入梅花都不见。"众人顿时安静，片刻沉默，局促不安，都在为自己刚才的浅薄羞赧，馆主人见状和颜悦色地请郑板桥上座，从此郑板桥成为座上宾……这样的传说在民间广为流传，真假难辨，但是郑板桥与盐商"二马"的友谊确实是实实在在的。

后来，郑板桥在扬州卖画，曾为马氏画竹一幅，并题诗："缩写修篁小扇中，一般落落有清风。墙东便是行庵竹，长问君家学化工。""官罢囊空两袖寒，聊凭卖画佐朝餐。"郑板桥和马秋玉相交甚笃，几十年不变。

2. 江南遄客，塞北羁人

郑板桥还清了债务，将家人安排妥当，便准备开启新的旅程。残酷的现实没有令他心灰意懒，他一直坚信自己不是庸人，碌碌无为地虚度光阴可不是他的人生剧本。他认为凭借自己的才华，只要遇到赏识自己的伯乐，一定能一飞冲天，于是他打算一边游历山川名胜、结识天下朋友，一边温习举业之书。

之前介绍石涛时，提及"八大开江西"，这所谓"八大"即清初画坛"四僧"之一的八大山人。他本是明朝王室后裔，明亡后落发为僧，以明朝遗民自居，所画鱼、鹰等皆是白眼向天，一副桀骜愤世的神气。作品章法结构不落窠臼，对后世影响深远。

郑板桥到江西庐山，就是想寻访八大山人当年的踪迹。他一路上还是宿于寺庙禅院乃至道观，不仅省却了逆旅资费，而且还能遇到意气相投的上人方士。

在庐山，他结识了无方上人："初识上人在西江，庐山细瀑鸣秋窗。"无方上人是当时有名的禅宗大师，精于禅学，"闲话亦深禅"，在很多方面给予了郑板桥很大的启发。同时无方上人也是书画行家，与板桥很投缘，两人知无不言、言无不尽，相见恨晚。

无方上人在庐山脚下种药草为生，生活清苦，僧衣上补丁累累，但是却很乐观。常常和郑板桥一样骑一头瘦驴游走庐山村市，边走边聊，两位都是性情中人，谈天论地说得兴起，手舞足蹈，但瘦驴也有脾气，抖一抖驴身，于是乎方才"张牙舞爪、口若悬河"者已趴在地上摔得满身是泥……此时两人相视相指，捧腹大笑。

有人为无方和板桥撰写一副对联："江西马大士，南国郑都官。"因为无方上人俗姓马，而马大士是禅宗六祖慧能的弟子，曾在江西传授禅宗；而郑都官即唐代诗人郑谷。用禅宗和郑谷的典故比他二人，风趣幽默，雅切得宜。以至于后来郑板桥常以郑谷自比，并刻有"都官"、"鹧鸪"两枚印章，钤于书画。

郑板桥还在庐山结识了万个先生，这位万个先生乃是八大山人的高徒，他的花鸟画甚至题款都是模仿老师所做的，能作"一笔石"，而石之凹凸浅深，曲折肥瘦，都可以表现出来。郑板桥向其学习，一早上就能画出十二幅画作，简直易如反掌！但这运笔之妙全在乎平常的练习和夜以继日的研究，不是随随便便就能勾勒出来的。板桥赞叹称奇，再三临习，画艺又增进不少。

自庐山向西，郑板桥游览了湖南洞庭湖，离开湖南北上湖北，登黄鹤楼，沿江而上路过重庆、成都并在青城山留下"江源第一峰"五个大字。接下来辗转蜀道，游长安、洛阳，沿途吟咏作诗，留下很多经典诗篇。

这一路上，郑板桥一边卖画一边寻找庙宇道观落脚，受苦受累自不必说，但一路上结交的方外之人令郑板桥的世界观也渐渐改变，后来他们当中的很多人都成为郑板桥的挚友，他们彼此保持通信、相互惦念。比如，和无方上人从在庐山的相识与分别到后来在京师的见面，"烟雨江南梦，荒寒蓟北田。闲来浇菜圃，日日引山泉"。

两人久别重逢，格外亲切。可惜的是无方上人后来移住京师孝儿营，曾经把自己居住的岩前草屋以至屋后的荆棘寒云的情形绘图寄给郑板桥，劝他一起归耕，其淡泊可知。但郑板桥自知难脱俗世红尘，逃不了名利的羁绊，只能自嘲一番："徒使高人笑疣赘"了，并一直力劝无方南归："不如归去匡庐阜，分付诸花莫出山。"寓意良深，一瓣心香，溢于言表。

还有与京西瓮山诗僧起林上人，他们一起在山林中拥衾夜坐，吟句畅言，通宵达旦；或者新茶甫一采摘，两人便烹茶细品，坐林中看倦鸟归林，听松涛阵阵；又或在白天坐在高耸的岩壁之上，看猿猱攀壁，黄鹤之飞，饥则餐野果，渴则饮寒泉，一派雅人深致……

当年板桥曾向种园先生诉说过自己希望去陕西汉中地区游历一番的愿望，但"酷嗜山水"的板桥行踪遍及赣、湘、冀、鲁等省，却终究没有机会去八百里秦川结识那里的僧友。因为淮南官盐的供应远及赣湘却难达陕甘，郑板桥阮囊羞涩总是随盐船往来各地，所以西行之梦没能实现。

雍正三年（公元 1725 年）春，北京正是风沙柳絮满天飞的时候。名场困恨的郑板桥来到北京，试图结交一些可能帮到自己的贵人。他住在慈仁寺，除了与僧人往来，也结识了一些宫廷侍卫的子弟。可是依旧没有人愿意帮这个落第秀才，郑板桥愈发牢骚满腹……每日放言高谈，褒贬时人，针砭时弊，毫无顾忌，因此被大家称作狂人。

就在每日与这些宫廷侍卫以及八旗子弟公子哥们"胡吹海侃"之际，他命中的贵人出现了。他就是爱新觉罗·允禧，康熙皇帝的第二十一个儿子，母亲是汉人，康熙时封至贵人，地位并不高。所以年幼的允禧根本没有与哥哥们竞争皇位的资格，喜好丹青诗文，一直以来在皇宫接受着良好的教育，艺能日进，卓然成家。

所谓"郡王身处宗藩，心耽翰墨，天怀高朗，一丘一壑，雅有胜情，所画水墨花卉也具雅韵。"他也被誉为清代画史中列其画为"本朝宗藩第一"。康熙当时十分喜欢这个淡泊名利，不结党争权又知书达礼的小儿子，外出狩猎或者出巡经常让他陪伴左右。

雍正即位时，允禧才十一岁，雍正对这个小弟爱护有加，让他和同岁的儿子乾隆一起在宫中读书习画，叔侄二人感情十分融洽。雍正八年（公元 1730 年），雍正封允禧为贝勒，雍正十三年（公元 1735 年）晋慎郡王。最难能可贵的是，这位贵胄少年全然没有盛气凌人之态，与板桥初见时才十四岁，板桥已是三十三岁，但并不妨碍两人谈天论地，"诙谐亲见古人风"，主客相投，友情甚笃，成为忘年之交。他们谈起绘画各有各的见解却又总能若合一契地相视而笑。

允禧和寒士打成一片，不仅与郑板桥相交甚好，他与曹雪芹也是要好的朋友，《红楼梦》中形容秀美、性格谦和的北静王据说就是按照允禧的气质形象来描绘的。话说回来，郑板桥的这位贵人也不过是个十四岁的少年，在政治上并没有多大能量，况且板桥的身份只是区区秀才而已，就算允禧有心帮扶，也是深感绠短汲深，爱莫能助。

可以说在京师的所见所闻所感对郑板桥的刺激很大，伺机而动的举人乃至进士徘徊在宦海之外多年未果；才高八斗、学富五车的士人依旧没能获得半点功名；书画绝佳、功力深厚的画师俯拾皆是……

郑板桥也很清楚自身境遇，所以当务之急还是获得举人身份，才算是勉强将步入仕途的敲门砖拿到手。他在《自遣》一诗中说："束狂入世犹嫌放，学拙论文尚厌奇"。他说自己约束狂放的性格来对待世事，还被人嫌恶为放荡；他假装笨拙地评论文章，被人厌弃为怪奇。此时的郑板桥已然被现实磨去了些许棱角，用内敛自我个性的方式和这个与自己格格不入的世界做妥协。但是这个秀才面对京城高耸的城垣依然是无可奈何，唯有摇头叹息。

他真的不愿为官吗？不过是求告无门罢了。来看他在这一年的十月十九日，于燕京的忆花轩，抄《花品》赠人，并写了一段跋语。他自称是"江南逋客，塞北羁人"："行间字里，一片乡情；墨纹毫端，几多愁思。"由此可见，此时的郑板桥，是很想以书艺、画艺之资，以期求得通人名士的引荐。"长安米贵，居大不易"，京师毕竟是繁华富贵之地，板桥决定返回扬州。

3.《道情十首》道尽人生

板桥落落寡合地回到扬州，因为北上京师的不得志，此刻他充满恨不能一吐为快的冲动，创作了才华横溢的《道情十首》，即：

老渔翁，一钓竿，靠山崖，傍水湾；扁舟来往无牵绊。沙鸥点点轻波远，荻港萧萧白昼寒，高歌一曲斜阳晚。一霎时波摇金影，蓦抬头月上东山。

老樵夫，自砍柴，捆青松，夹绿槐；茫茫野草秋山外。丰碑是处成荒冢，华表千寻卧碧苔，坟前石马磨刀坏。倒不如闲钱沽酒，醉醺醺山径归来。

老头陀，古庙中，自烧香，自打钟；兔葵燕麦闲斋供。山门破落无关锁，斜日苍黄有乱松，秋星闪烁颓垣缝。黑漆漆蒲团打坐，夜烧茶炉火通红。

水田衣，老道人，背葫芦，戴袱巾；棕鞋布袜相厮称。修琴卖药般般会，捉鬼拿妖件件能，白云红叶归山径。闻说道悬岩结屋，却教人何处可寻？

老书生，白屋中，说黄虞，道古风；许多后辈高科中。门前仆从雄如虎，陌上旌旗去似龙，一朝势落成春梦。倒不如蓬门僻巷，教几个小小蒙童。

尽风流，小乞儿，数莲花，唱竹枝；千门打鼓沿街市。桥边日出犹酣睡，山外斜阳已早归，残杯冷炙饶滋味。醉倒在回廊古庙，一凭他雨打风吹。

掩柴扉，怕出头，剪西风，菊径秋；看看又是重阳后。几行衰草迷山郭，一片残阳下酒楼，栖鸦点上萧萧柳。撮几句盲辞瞎话，交还他铁板歌喉。

邈唐虞，远夏殷。卷宗周，入暴秦；争雄七国相兼并。文章两汉空陈迹，金粉南朝总废尘，李唐赵宋慌忙尽。最可叹龙盘虎踞，尽销磨燕子、春灯。

吊龙逢，哭比干。羡庄周，拜老聃。未央宫裹王孙惨。南来薏苡徒兴谤，七尺珊瑚只自残。孔明枉作那英雄汉；早知道茅庐高卧，省多少六出祁山。

拨琵琶，续续弹；唤庸愚，警懦顽；四条弦上多哀怨。

黄沙白草无人迹，古戍寒云乱鸟还，虞罗惯打孤飞雁。收拾起渔樵事业，任从他风雪关山。风流家世元和老，旧曲翻新调；扯碎状元袍，脱却乌纱帽，俺唱这道情儿归山去了。

《道情十首》可分为三部分，前七首为第一部分，也是《道情十首》的精华所在。这前七首分别描写了七种人：老渔翁、老樵夫、老头陀、老道人、老书生、小乞儿、隐士。他们都是社会的下层人物，尽管生活困苦，但却无所牵绊，潇洒自在，由此窥得郑板桥在京师铩羽而归后的凄凉心境，厌世之情萌生。

这七首道情通过沙鸥点点、荻港萧萧、茫茫野草、荒冢碧苔、古庙白屋、柴扉菊径、衰草栖鸦等自然景物构成了凄婉萧瑟的氛围，多了几分远离尘嚣的安宁寂静，少了几分人世的烦恼和名利的羁绊。前面提到的七种人接连登场，自歌自唱，道尽了人生的感悟，可谓"吾生梦幻间，何事继尘羁"，所述之情理与《红楼梦》中甄士隐听闻跛足道人唱《好了歌》后所作《好了歌注》颇为神似："陋室空堂，当年笏满床；衰草枯杨，曾为歌舞场……乱哄哄你方唱罢我登场，反认他乡是故乡。甚荒唐，到头来都是为他人作嫁衣裳。"

道情十首的第二部分即第八、九首，内容分别是咏史、咏名人。五十四个字的第八首道情将历代王朝五千年的兴旺衰替一一点到，以道家虚无的态度回顾历史，斗转星移、沧海桑田，最后不过是今人茶余饭后的谈资罢了……千古事，人间情，道情已道尽……

结尾是道情的第十首，点明了主旨中心，意在唤醒世人，超脱于世俗名利之上才能让自己的生命返璞归真。

道情一般是以生活化、浅显化、趣味化为特色的一种可以唱出来的曲艺形式，在郑板桥口中的道情，不过是借用道家思想进行自我精神的调节和情感的宣泄罢了。

古代文人大多信奉"入世崇儒，出世遵道"，即以儒家准则积极争取入仕，力图使自己融入社会，取得功名，造福天下苍生，兼济天下；如果遇到现实的挫折，就转而信道，放下功名，求教于老庄的不争和惬意，来重建自己受伤的精神家园。

郑板桥以超脱散淡的情怀，讽古咏今，表现出对功名利禄的淡漠和鄙视，其实可以窥探出在儒家经世致用、修身平治的主流思想占统治地位的封建社会中，郑板桥作为一个游离于主体文化的边缘的知识分子的失落。

这部作品初稿是在雍正七年完成的，但是随着郑板桥人生阅历的不断丰富，内容"屡抹屡更"。直到乾隆二年之前，郑板桥仍会时时改动，乾隆二年增加跋语之后，才定稿付梓。在郑板桥的众多文学作品中，《道情十首》所耗心血是巨大的，从草创到付梓历时十数年，个中滋味恐怕只有作者本人知道了，也可借用曹雪芹的话来概括："满纸荒唐言，一把辛酸泪。"

道情可唱，伴唱的乐器为简板与渔鼓，所以传播很快，就像流行歌曲一样，时人争相传唱。《道情十首》不仅在扬州唱红了，在大江南北都已为人所熟知。

京师的歌女招哥，正值二八芳华，即以唱《道情十首》闻名。郑板桥后来听说此事，乃赠诗赠银（《寄招哥》诗云："略寄招哥买粉钱"），以表谢意。京师许多达官显贵都称赞板桥的《道情十首》。板桥后来罢官，经过杭州，杭州太守吴作哲接待了他，宾主泛舟西湖，太守大人一时兴起居然随口哼唱起了《道情十首》，板桥是又惊又喜，可见这组曲子的传唱之广，经久不衰。

4. 我已无家不愿归，请来了此前生果

郑板桥一边卖画一边精研举子业，这一阶段他读书的主要地点在扬州天宁寺。

天宁寺是扬州八大名刹之一，为东晋名相谢安舍宅改建，当年石涛就曾在此下榻并钻研作画。据说这天宁寺大雄宝殿两侧的东西耳房很多，游方僧侣、落拓文人大都住在这些耳房。

郑板桥三十六岁时就在这里读书，以应对明年的乡试，也是他的第二次乡试。平日里诵读、默记这些经书，是一件十分枯燥的事情，郑板桥于是和几个一同备考的朋友开起了玩笑："我们比一比谁背得更熟，要不一起默写出来看看，如何？"大家都正值血气方刚的年纪，谁都不愿服谁，一个个争先恐后，跃跃欲试。可这"四书""五经"不是一时半会儿能写完的，就这样每天默写三五张纸，有时兴致高涨，时间充裕就能写上二三十张纸，不到两个月就写完了。虽然个别字句有增有减，不过语句之间的连贯顺序，一点都没错，这让板桥很是自豪。

那么板桥真的是有天赋吗？其实比起天赋，他的用功才是真正使他出类拔萃的原因。板桥坦言，自己不是一个记性多么超拔的天才，只是善于诵读罢了，每一部到手的书籍都被他诵读上千百遍。时间哪里来？板桥说："舟中、马上、被底。"这点很像欧阳修所提出的"余生平所作文章，多在三上"，即"马上、枕上、厕上也"。甚至他吃饭时都忘记了手中还拿着的筷子，大家一起谈话时也都听不到，即使听到了也没进脑子，一定是从另一只耳朵溜走了！此时看起来心不在焉的他一定是在心中默背着书本。这样背诵起来，哪里还有记不住的道理呢？大家都认为板桥是一个记性绝佳的人，殊不知他暗地里用功到了这般地步。乡试主考

四书、五经、策问以及八股文等，所以对经书的熟悉程度关系到最后的考试结果。

除了每日对考试内容的背诵，郑板桥时常抽空与同住天宁寺的李鱓、黄慎一起品评诗画。李鱓已经四十三岁，经历了供奉内廷、辞官回乡，名声在外，与郑板桥是同乡，在天宁寺的这段时间里，他在绘画上给了郑板桥很多启发。郑板桥并不将他看作老师，尽管他长板桥七岁，社会地位也更高，郑板桥仍以朋友待之，相知相交一生无悔，曾说"与李同老"。

而李鱓一直是以举人身份行走扬州画坛，多年以后的郑板桥中举之后声名鹊起才有资格与李鱓相提并论，彼时的郑板桥很是自豪："后二十年，以诗词文字与之比并齐声，索画者必曰复堂，索诗字文者必曰板桥，且愧且幸，得与前贤埒也。"郑板桥称李鱓"前贤"，说明他对自己与李鱓齐名是很满意的。

黄慎也是扬州八怪之一，比郑板桥长六岁，康熙末年的他到扬州卖画时，已经很受欢迎了，人争客之。与郑板桥一样怀揣"三绝"：诗文、书法、绘画。板桥的《道情十首》问世不久，就被黄慎用草书手写存之。在天宁寺期间，黄慎和李、郑二人品诗论画，出入结伴，如影随形，作《米山小帧》，郑板桥题之曰："苍茫一晌扬州梦，郑李兼之对榻僧。记我倚栏论画品，蒙蒙海气隔帘灯。"

就在郑板桥一心攻读科举的时候，家中传来噩耗，他的结发妻子徐氏去世了。这位跟随了郑板桥 16 年的妻子终究也没有等到丈夫考取功名的那一天。那个曾经"谁知相慰藉，脱簪典旧衣"，将自己的嫁妆、首饰悄悄典当换回米面衣装供给家用的人，再也不用为生计发愁了；那个曾为他擦拭砚台，一旁磨墨，宽慰板桥书画高超只是世人不识货罢了的人，再不会出现了；唯一的小儿子死后，与他相互依偎，相对而泣又相互劝慰的伴侣，再也见不到了……

那些艰难的过往在郑板桥脑海里不断放映，只有与一起经历过辛酸苦辣生活的人才能产生出如此难割难舍的情结，所以郑板桥对这位与自己共患难的糟糠之妻念念不忘。

相传郑板桥曾经琢磨古人书法用笔，废寝忘食，妻子嗔怪他：人各有体！板桥怔住了，反复念叨"人各有体"这话，猛然间郑板桥若有所悟，是啊！我练字近万日，字帖满书架，秃笔可成堆，耗墨几大斗，练来写去，都是写的别人的体，并没有写成自己的体。自古书法大家都能汲前人经验之泉，酿自己创新之酒。自己也一定要博采众长、精研诸体，要变革、要创新、要发展、要走自己的路。于是他产生了自创书体的想法。

郑板桥立志变革、创新，平时观察瀑布之泄泻、骏马之奔腾，行云流水之态、雁行鱼游之势，精研各体，博采众长，学古人而不拘泥照搬，借鉴中求变革，创新中有发展，用真、隶、行书相参，布局上字形大小不一，字体有架势、有笔力、金石味浓，朴茂劲拔，奇秀雅逸，方方圆圆、正正斜斜、疏疏密密，排列穿插得十分别致，自成一家，时称"六分半书"。

为纪念亡妻有《客扬州不得之西村之作》："自别青山负夙期，偶来相近辄相思。河桥尚欠年时酒，店壁还留醉后诗。落日无言秋屋冷，花枝有恨晓莺痴。野人话我平生事，手种垂杨十丈丝。"

这首诗前四句写对西村的怀念，五、六句写目前的处境；惨淡的落日，默默无言地坐在空荡荡的屋子里，睹物思人却与怀念的妻子已是阴阳两隔，胸口的憋闷难受使他喘不过气来，走到院子里，花枝似乎也蕴含着怨恨，而传来的莺啼又仿佛带着一片痴情……

板桥与徐氏伉俪情深，虽然妻子已经埋入黄土，但他对亡妻的思念却时时不忘。在他中举后，春风得意地作一首《得南闱捷音》，其中有"无人对镜懒窥帏"之句，踌躇满志的举人没有忘记当年一直默默奉献的妻子。

资料显示，徐氏过世后，他很快又续娶了郭夫人，续娶之日不详，估计是在徐氏去世后不久。但两人没有什么感情，仅有夫妻名分。因为在郑板桥传世的诗文书信中，郭氏虽伴他一生，却提及甚少，致使她形象模糊，远不如原配徐氏及饶氏在郑板桥生活中所占位置之重要。

暗香疏影的梅花他已无心再赏，善解人意的月亮看起来也越发无聊，因为它看起来是要将人随意打发？郑板桥的心情抑郁到了极点，他写了一首《沁园春·恨》："花亦无知，月亦无聊，酒亦无灵。把夭桃斫断，煞他风景；鹦哥煮熟，佐我杯羹。焚砚烧书，椎琴裂画，毁尽文章抹尽名。荥阳郑，有慕歌家世，乞食风情。单寒骨相难更，笑席帽青衫太瘦生。看蓬门秋草，年年破巷，疏窗细雨，夜夜孤灯。难道天公，还钳恨口，不许长吁一两声？癫狂甚，取乌丝百幅，细写凄清。"

郑板桥认为自己骨相贫贱，瘦弱的身子穿上有模有样的青衫也只是会遭人讥笑……他越想越压抑，用这首词来记载他此时的愤恨，但是词中所述也不尽然能将他的苦楚说清道明，丧母丧父，失子失妻，本以为能通过读书"修身齐家治国平天下"，谁曾想这命途越走越艰难，何时才有出头日啊？这落拓人生的个中滋味只有他自己能体会……

然而，抱怨归抱怨，不是每个寒门文士都能顺利入仕，他们哪个不是把"有眼无珠"的老天恨得咬牙切齿？在人生最艰难的这一段路上，有人放弃了，有人妥协了。郑板桥的生命之光之所以能照耀到现在,就是因为当年处境艰难的他没有轻言放弃。酒醒之后的板桥,收拾收拾书籍诗文,擦干身上的酒渍,束好散开的头发,整理衣冠又开始考虑新的一年了……

第二年的乡试,郑板桥依然是以秀才的身份参考,这是他人生的第三次乡试。眼下临近年关,板桥身无分文,三餐难周,度日尚且不能,更不要说准备应考的钱了……已经将近不惑之年的板桥也深知自己青春热血早已湮灭,能不能实现人生的抱负就在明年一战了。

听说兴化汪县令"怜才颇重文",于是写了一首《除夕前一日上中尊汪夫子》:"琐事贫家日万端,破裘虽补不禁寒。瓶中白水供先祀,窗外梅花当早餐。结网纵勤河又沍,卖书无主岁偏阑。明年又值抢才会,原向秋风借羽翰。"

这说明郑板桥当时已经到了用白水祭奉祖先,雪中赏梅代替早餐的地步,家中能卖的都已经卖光了,明年的乡试迫在眉睫……好在这位汪县令真的是礼贤下士之人,热情接待了郑板桥,并慷慨解囊赠予郑板桥一笔银子顺利度过年关,使其能安心备考。

郑板桥已经将家中的两个女儿托付给族人照料了,他集中所有的力量和精神来应对即将到来的考试。

第三节 仕途征程

1. 南闱捷音

乡试是在各省贡院举行,所以参加考试的秀才们需要赶赴省城。江南行省乡试于抚台衙门所在之地金陵(今南京)举行。因江南省旧称南直隶，乡试俗称南闱，北方生员的乡试为顺天乡试，俗称北闱。雍正十年，江南行省（辖今之江苏、安徽二省）的江南乡试在南京秦淮河畔的贡院举行，内阁学士王兰生、翰林院检讨吴大受担任正副主考官，省地方官任同考官。乡试于八月初九日举行第一场，考时文（即制艺，或称八股）；十二日举行第二场，考论、诏、诰、表；八月十五日举行第三场，考经、史、时务策。

郑板桥考完第三场，自我感觉良好，大有稳操胜券的信心，积郁已久的心情也舒畅很多，于是轻松惬意地开启游览南京、杭州等地的旅程。

郑板桥一路上诗兴大发，游览了南京的名胜石头城、周瑜宅、桃叶渡、劳劳亭、莫愁湖、长干里、台城、胭脂井、高座寺、明孝陵、方景两先生祠等地。他以"念奴娇"为词牌，写成了《金陵怀古》，并一口气就填写了十二首《念奴娇》（《石头城》、《周瑜宅》、《桃叶渡》、《劳劳亭》、《莫愁湖》、《长干里》、《台城》、《胭脂井》、《高座寺》、《孝陵》、《方景两先生祠》、《弘光》等）。周瑜、方孝孺、弘光等历史人物，桃叶渡、劳劳亭、莫愁湖、台城、胭脂井、高座寺等历史遗留，都出现在篇章中。

他自认为词写得比诗好，这样的评价是比较客观的。他的词情真意切，无扭捏态、无雕琢痕。石头城上"万点征鸿"、"叫尽六朝兴废事，叫断孝陵殿阁"；周瑜宅里"至今遗恨，秦淮夜夜幽咽"；劳劳亭"达将何乐，穷更不若株守"；莫愁湖"风流何罪，无荣无辱无咎"……

饱览眼前美景，郑板桥大有情怀，指点山河，品评名人是非，好不得意。在杭州，他在与杭世骏探讨六朝名妓苏小小葬处的信中说："燮到杭州，遍寻苏小墓所，皆云西泠桥畔是其埋玉处也……"看来郑板桥不仅造访名胜古迹，也访古探幽去寻找一些不为人熟悉的景点。这位杭世骏是郑板桥无话不谈的好友，也是一位文化"怪人"，都说他曾违逆皇上，触怒了龙颜，这才被罢免回乡。然后他在 20 年间，足不出户，目不窥园，一心著书立说，终于成为一代学问大家。

就在郑板桥游南京之时，乡试成绩揭榜了。每年九月初八是乡试放榜之日，也正是江南桂花盛放的时节，所以士人们将乡试发榜称为"桂榜"。这一天郑板桥不敢出门游玩，怕耽误了揭榜时间，错过放榜结果。直到看到有人气喘吁吁朝他跑来，断断续续地说着板桥好像榜上有名，此时，他才一路小跑着去看榜。他简直不敢相信自己的眼睛，自己确实榜上有名。

他考中了，终于考中举人了！他的目光一遍遍游走在榜单上，留恋地盯着自己的名字……板桥一时不知该笑还是该哭，就是为了这一个举人功名，他付出了整整十年的时间。他想将这一喜讯告诉关注他支持他的亲朋好友，可是身在南京的他，身边哪里有愿意听他絮絮叨叨的人呢？亲人接连故去，好友不在身边，一个人最痛苦的事情莫过于此：喜悦之情无人与之分享。告慰亲人的方式只有祭拜那些坟冢了……

"忽漫泥金入破篱，举家欢乐又增悲。一枝桂影功名小，十载征途发达迟。何处宁亲惟哭墓，无人对镜懒窥帷。他年纵有毛公檄，捧入华堂却慰谁？"这是郑板桥悲喜交加之时所写的《得南闱捷音》。

在清代，秀才中举是一件相当难的事，中举人就好比是文曲星下凡一样，在百姓看来是一件带有传奇色彩的事情。在吴敬梓的小说《范进中举》中，范进作为一个老童生光是考秀才就考了二十多次，直到五十四岁才中了秀才，接下来又出人意料地考中了举人，做梦一样，范进喜极而疯，清醒后被众星拱月般送回了家。一旦做了举人，各位乡绅老爷就会对你恭恭敬敬，而且还会进行长期"投资"。一旦举人做了大官，就可以顺理成章地攀龙附凤了。举人和秀才有着天壤之别，当了举人就是"大人"了，从平民之中超拔出来，不再是"小人"，甚至见到县官都可以不用跪拜，所以中举是由小人变大人的一道关。可以说是名副其实的"鲤鱼跃龙门"。

乡试中举之后，才能参加第二年春天的会试，会试同样是三年一场。会试是在京城的礼部举行的，每逢会试正是三月杏花灿烂的时候，所以通过会试也叫高中"杏榜"。为了这次进京参考，郑板桥决定争取拿下进士头衔，这样才算是登上科举的巅峰。不容多想，他已只身前往杭州读书，灵隐山上的僧人款待了郑板桥。

这里风景绝美，由此远眺，绵延的南屏山就像把扇子，扇动着钱塘江的浪花。日出云上，云铺脚底，时常有奔雷轰然，电光如蛇。这里有个老和尚相貌奇特，十年不曾踏入杭州城，对山下西湖之上的歌舞声也是置若罔闻。和尚们对郑板桥很热情，不仅提供给郑板桥食物，也在精神上开导郑板桥。平时郑板桥与和尚们住在各自的房间，一起耕作土地，晚上则相聚在同一盏烛光下，谈天说地。在僻静的房屋、幽静的山涧中养着神奇的鱼，郑板桥叫不上名字，只是觉得很漂亮。古碑散落在各个角落，剔除上面的苔藓，露出很古老的碑文。

郑板桥在这里静心读书，本以为能逃脱痛苦的回忆，可是书页纸张上的行行文字还是会一不留神化作对故去亲人的思念，闯入他的心里。黑色几案上的铜制花瓶中插着野花，清风徐徐吹动湘竹制成的门帘和竹榻，送来阵阵幽香。板桥不禁心生慨叹，他多么希望能长住此处，远离那伤心地，抛却那伤心事。

但不幸往往到来得令人猝不及防。板桥的命运更是如此，充满着离奇跌宕的转折。举人拥有进京参加会试的机会，不过最多三次，也就是说三次会试之后即无缘"进士"了。可是这重要的第一次会试，板桥缺席了！板桥在准备赴京之际，不料身患大疮，动弹不得，只好暂居在兴化之南的外祖父汪翊文家。

但在中举之后，板桥的经济状况还是略有好转的。这个即将步入仕途的举人受到了前所未有的礼遇并且得到一些资助，不仅如此，郑板桥鬻画所得也日渐增多。《扬州杂记卷》记载王澍、金农、李鱓、黄树谷、郑板桥、高凤翰六人，"皆以笔租墨税，岁获千金，少亦数百金，以此知吾扬之重士也"。虽然和当时画坛正统"四王"的润格不能相提并论（"四王"的画作价格多在100两左右），但是据钱泳的《履园丛话》卷一《米价》中记载，雍正、乾隆初米价每升十余文。汪辉祖的《病榻梦痕录》中也有相似的记载：绍兴秋收大歉，次年春夏之交，米价斗三百钱。由此观之，郑板桥的年收入可以说上了一个大台阶。

板桥为了专心读书，来到了焦山。在焦山双峰之阴的别岭上，翠竹环抱之中，有一座别致的方形四合院，至今还保留着板桥手书"室雅何须大，花香不在多"的对联。焦山素有读书之山之誉，东汉焦光"隐焦山，三诏不起"；明嘉靖名士陈永年就曾送长世、安世两个儿子上焦山读书，并作诗一首，说"练影春临帖，潮声夜读书"；清代名士冷士嵋"遁迹焦山"。所以焦山的人文环境是很好的。不仅如此，焦山上还有大片竹林，苏轼七言诗《自金山放船至焦山》云："焦山何有有修竹，采薪汲水僧两三。"

能放下书本，漫游竹海，畅快呼吸深幽绝尘的清新空气，看竹叶婆娑，竹枝错落，对于从小就热爱竹子，以画竹为特长的郑板桥自然是再好不过了。

2. 美丽的邂逅

板桥在读书之际又陷入对人生的思考，眼前的功名来得突然，来得真切，他很怕这会是一场梦，很怕失去这一切。板桥那个从小陪着他长大的叔父省庵先生也去世了，这给他敏感的内心造成了新的创伤。"亲人"这个若即若离的词语于板桥而言是珍贵而易逝的，如果把这些亲情抽离出他的生命，那真将是无趣而苍白。

所以在这一阶段，郑板桥开始给舍弟郑墨写家信。这些家信涉及传统道德及常见之事，阐发常理，亲切而实际，娓娓道来，言近旨远，妇孺能解。郑板桥于乾隆十四年（公元 1749 年）订定自刻十六通，流传甚广，即《郑板桥家书》。

在他写的《怀舍弟墨》中，先是回忆兄弟二人从小就无所依靠的童年，"忆昔幼小时，清惧欠肥肫。老父酷怜爱，谓叔晚年儿。饼饵拥其手，病饱不病饥。"文字具有通过生活细节打动人心的特点，朴实无华的叙述可以穿透岁月，点醒那些曾经的记忆。"离家一两月，念尔不能忘。客中有老树，枝叶郁苍苍。东枝近檐屋，西枝过邻墙。两枝不相顾，剪伐谁护将？"最后表达了兄弟二人应该相互帮扶，相互关照，以求将郑家一族发扬光大的愿望和想法。

关于郑板桥的家书思想，本书还会在后面详细谈及，此处不遑赘述。

二月的扬州，正是繁花似锦，草长莺飞。郑板桥来到扬州游玩，清早起床，由性漫步，来到郊外。就像武陵人信步来至桃花源，板桥走到一处人烟稀少、草木葱郁的地方。远眺有一株花开正艳、灿若晚霞的杏树，竹篱若隐若现，看来有人家居于此地。小扣柴扉，郑板桥见有位老妇人在院中洒扫。老人家将来人请进自家饮茶聊天，这时，郑板桥环顾老妇人家里的墙壁之上贴挂的皆是自己的诗词，心中很是得意。

可见郑板桥当时已经是颇有名气了，字画流传竟至乡野人家。他指着这些字幅，按捺不住欣喜，问道："老人家，您认识这字画的作者吗？"老妇纳闷道："不认识啊。""就是我呀，我，便是郑板桥。"老妇人喜出望外，大喊："女儿！女儿！快来呀，板桥先生来我们家啦……"那语气就好像郑板桥从字画上走了下来似的。

时值正午，郑板桥已是饥肠辘辘，老妇人赶忙做饭招待他。而郑板桥一边大快朵颐一边纳闷这家的姑娘怎么迟迟不肯露面……就在此时，老妇之女出现在板桥面前，原来她悉心打扮了很久，倒也不羞怯，落落大方地拜过板桥："久闻板桥先生大名，十分仰慕您，拜读过您的《道情十首》，爱不释手，您能为我手写一幅吗？"郑板桥欣然允诺，没想到自己的作品可以风靡至此，有幸被眼前这位美貌的姑娘赏识。姑娘拿出淞江蜜色花笺，湖颖笔，紫端石砚，一边纤手磨墨，一边悄悄看着正在认真书写的板桥。不多时，板桥就写完了，可是《道情十首》有些消沉避世，不太应景。板桥心血来潮，又题一阕《西江月》送给姑娘："微雨晓风初歇，纱窗旭日才温。绣帏香梦半朦腾，窗外鹦哥未醒。蟹眼茶声静悄，虾须帘影轻明。梅花老去杏花匀，夜夜胭脂怯冷。"

板桥原文描述"母女皆含笑领词意"，看来母女二人也略懂诗文，对这首板桥特地赠写的诗词很满意，姑娘的芳心似乎也被才华横溢的郑板桥征服了。后两人商定，两年后等板桥考中进士后，回来迎娶姑娘。这就是板桥与饶五姑娘的故事。

板桥离开扬州，除了在焦山读书，还回到当年教书的真州江村，当年江村的一名叫许既白的学生请他回去游玩，那时正值夏天："此时坐水阁上，烹龙凤茶，烧夹剪香，令友人吹笛作《落梅花》一弄，真是人间仙境也。"学生还为他备舟泛游江上，兴尽而归。八月又是桂香扑鼻的时候，他被聘赴杭州任浙江乡试提调监试，就是在考场担任提调监试等事务的官员，而且是负责考场外，即"外帘官"。回想自己当年三次提着考篮走进这乡试考场的情景，感慨万千……

出差杭州正巧中秋节来临，便泛舟西湖题写《沁园春·西湖月夜有怀扬州旧游》："镜悬空，万叠秋山，一片晴湖。望远林灯火，乍明还灭；近堤人影，似有如无。马上提壶，沙边奏曲，芳草迷人卧莫扶。非无故，为青春不再，著意萧疏。十年梦破江都，奈梦里繁华费扫除。更红楼夜宴，千条绛蜡；彩船春泛，四座名姝。醉后高歌，狂来痛哭，我辈多情有是夫！今宵月，问江南江北，风景何如？"面对西湖美景，酒至半酣，板桥思念起美丽的扬州，回想起在扬州的春游，曾经风华正茂的自己已然青春不再，著意萧疏了……词作酣畅淋漓，笔酣墨饱，语气奔放，展现了郑板桥另外一个词风形象。

3. 我亦终葵称进士

扬州的草木依旧绿装不改，但京师已经是朔风凛冽的冬天了。郑板桥北上，准备迎接开春的会试。他觉得当年生疮不能来京未必不是一件好事，起码又给了他三年的时间去充分准备。就在郑板桥抛却杂念一心应考的时候，发生了一件很传奇的事情，日后每每说起此事，板桥无不动容。

茶商程羽宸游览真州，在"江上茶肆"看到一副对联："山光扑面因朝雨；江水回头为晚潮。"程羽宸见字体别致、苍劲力道十足，不禁低头寻看署名：郑燮。忙问店家，这郑燮是何许人也？店家回说是扬州郑板桥。于是程羽宸马不停蹄赶到扬州，想一睹郑板桥的风采，结果得知郑板桥正在京师应考，懊恼之余打听到郑板桥与饶五姑娘的故事，于是赶到饶家，慷慨解囊拿出五百两为郑板桥出资算作聘礼。

不仅如此，乾隆二年，郑板桥从京师回来之后，程羽宸才得与其会面，两人促膝长谈，程羽宸表达了对郑板桥的厚爱和对其文艺才能与远大政治抱负的钦佩。他又主动赠送郑板桥五百两作为迎娶饶五的费用。正是这位程羽宸的鼎力相助，郑板桥与饶五姑娘才顺利地走在一起。

"板桥重金下聘饶五娘"一时在扬州传为佳话。而郑板桥在怀念程羽宸对自己的情义时说："奉千金为寿，一洗穷愁。"后来郑板桥与程羽宸十年不曾联系，郑板桥误以为好友已经故去，他时时叨念着"几夜辛酸屡梦公"这样真挚感人的诗句。

再说会试的情形，当时的京城人才济济，来参加会试的都是各省出类拔萃的人才，想跻身金榜之上谈何容易？总之，郑板桥幸运地考中了进士。这是他终生难忘的日子，三百四十四个新科进士的大名都题写在乾隆元年丙辰年的题名录上。板桥排名二甲第八十八，二甲共录九十人，另外三甲二百五十一人。也就是说连带第一甲进士及第的三人和二甲、三甲众人，郑板桥在全部三百四十四人中排名比较靠前，甚至可以说是相当优秀的。

他兴致勃勃地穿上进士冠服，随队走在京师的大街上，享受着围观人投来的羡慕的目光。回到寓处，一时情不能自已，挥毫泼墨作一幅《秋葵石笋图》，并题诗其上。诗曰："牡丹富贵号花王，芍药调和宰相祥。我亦终葵称进士，相随丹桂状元郎。"

这个康熙秀才、雍正举人、乾隆进士的老书生，科举之路长达三朝，历经三个皇帝，最后总算是登上了人生的巅峰。

虽然他很想马上回扬州迎娶闺中等他回来的饶五姑娘，更想回到亲友身边和大家一起庆贺。但是郑板桥一向认为："古人以文章经世，吾辈所为，风月花酒而已。逐光景，慕颜色，嗟困穷，伤老大，虽刿形去皮，搜精抉髓，不过一骚坛词客尔，何与于社稷民生之计，三百篇之旨哉！""写字作画是雅事，亦是俗事。大丈夫不能立功天地，字养生民，而以区区笔墨供人玩好，非俗事而何？"……

在他看来，只有在仕途上有所作为才能实现自己的抱负。当年劝勉挚友顾万峰时："健羡尔萧然揽辔，首路春风冰冻释"的临别诗虽然时常搅动着板桥的"出世心"，但郑板桥觉得这机会不能轻易丢掉。

据《高宗实录》记载，在太和殿弘历对这三百四十四名进士进行了殿试。殿试后，乾隆对他们进行了授官。板桥虽然是"新进士"之一，但是由于朝中无人、年龄偏大又仪表欠佳，暂时没有被授予官职，有些三甲进士却授了官职，这令他很意外，看来"朝中无人莫做官"此言非虚。于是他决定在京师游走一番，以伺时机。

郑板桥这次在京城逗留已经不再像之前一样放纵了，他毕恭毕敬而又自信满满地求告各方，希望有人提携一把，让他能谋得理想的官职，在政治上好有一番作为。他已经不再是那个只拥有单一的清高和叛逆性格的郑板桥了，中年的他，也渐渐学会了从俗如流，以及世故圆滑……

求官之路上他多方奔走，他曾写过《呈长者二首》："御沟杨柳万千丝，雨过烟浓嫩日迟。拟折一枝犹未折，骂人春燕太娇痴；桃花嫩汁捣来鲜，染得幽闺小样笺。欲寄情人羞自嫁，把诗烧入博山烟。"他以闺中待嫁的少女自比，想要寄给情人情书却又羞涩不已，只好扔进炉中……想要求得官职却碍于情面不好意思直接开口，希望前辈能体谅自己的处境，帮自己尽快落实"工作"。郑板桥甚至写道："常怪昌黎命世雄，功名之际太匆匆；也应不肯他途进，惟有修书谒相公。"一向清高的他不得不将韩愈求官的经历拿出来为自己"开脱"，因为他认为自己这样求人是"可耻"的，不光彩的。

板桥之前只知道，读书读得好就可以蟾宫折桂、金榜题名，被朝廷重用也是顺理成章的事情。自己到时候静待御旨感谢皇恩浩荡就可以了，甚至摆出一副不情愿被招用的桀骜姿态留给后人去崇拜，也不过分。那情景他已经在脑海中设想过千万遍，万万没想到自己最后竟像丧家之犬一样四处求情……这个空头进士已经无计可施了。最后他应邀入学政崔纪的文幕，做"校士直隶"，也就是一个幕友，期间被崔纪多次向各方推荐都没有结果……

郑板桥是一个"官迷"吗？他为何对做官如此上瘾？其实不仅仅是郑板桥，封建社会的知识分子，要实现经世致用的宏愿，只有做官为宦后才有条件得以实现，所以郑板桥入仕的真正原因并不是冲着为官的利益而去的，其真正目的是通过入仕来更好地实现他"兼济天下"的理想。

在郑板桥的《四书手续序》里批评了只知道以高中"两闱"为读书目的的人。认为他们只想通过做官敛财过上优越的生活罢了。"以言夫日月经天，江河行地，处而正心诚意，出而致君泽民，其义固茫乎莫辨也。"也就是"穷则独善其身，达则兼济天下"的意思，是现实的积极有为的人生态度，具有这种态度的人，其胸怀有如"日月经天，江河行地"。这就是郑板桥关于入世的基本思想。

　　这一时期的资料，很多都是关于他在京师与高僧上人们的来往记录：在此期间，与伊福纳、无方上人、青崖和尚、仁公、起林上人、图清格、侯嘉璠、方超然、胡天游、娄近垣等往还唱和。游览香山卧佛寺，结识了青崖和尚，这是位满腹诗书、曾受皇帝钦赐紫衣及御墨的名僧，郑板桥题《寄青崖和尚》诗奉赠："山中卧佛何时起？寺里樱桃此日红。骤雨忽添崖下水，泉声都作晚来风，紫衣郑重君恩在，御墨淋漓象教崇。透脱儒书千万轴，遂令禅事得真空。"郑板桥所要表达的是，自己空有一身才华和满腔热忱，却偏偏没有机会得以施展，所幸与这些方外之人的结识，自己才能在谈禅论道中暂忘尘世烦恼。

　　顶着"进士"的殊荣，载上满舟无奈，郑板桥又回到了扬州。家人亲友自然不会逼问他怎么没有授官这样扫兴的问题。郑板桥回来，大家都欢喜不已，乳母费氏看着眼前这个自己一手带大的小"麻丫头"已经出人头地，中了进士，高兴得一边仰着佝偻的身子摩挲比她高出许多的郑板桥，一边念叨："吾抚幼主成名，儿子做八品官，复何恨？"说完老太太竟然一脸幸福无痛无疾地去世了。

　　郑板桥以亲儿子的身份为乳母办丧事，追忆起童年凄苦的日子里，乳母每天早上给他买的一文钱的饼，常带他去离家不远的"竹巷"玩耍……作《乳母诗》以志其哀："平生所负恩，不独一乳母。长恨富贵迟，遂令惭恶久。黄泉路迂阔，白发人老丑。食禄千万钟，不如饼在手。"

　　在此期间，郑板桥遇到了好友顾万峰，早在板桥三十岁父殁子夭、一无所成的时候，顾万峰已经开始了自己的幕僚生涯，这些年来与官员的摸爬滚打使得他对充斥着蝇营狗苟、趋炎附势的官衙洞若观火。两人对酌美酒，谈说自己这些年来的经历和感受，又到史阁部墓、董子祠凭吊一番，边走边聊。

聊天中，顾万峰几度欲言又止，他似乎觉察出郑板桥虽然中进士却没有官职可任的尴尬是有原因的，因为眼前的板桥不再像过去那样放纵不羁，但他思维的进度和说话的方式与时下官宦是不同的……没有一点官腔官调。直言不讳的郑板桥得到顾万峰这样的评价："亦有争奇不可解，狂言欲发使人骇。下笔无令愧六经，立功要使能千载。"不过他还是发自内心地希望郑板桥能保留这一颗没有被玷污的赤子之心，日后能成为真心为民的好官。

料理完乳母的丧事，郑板桥马不停蹄地来到扬州，他还记得当初妙龄的饶五姑娘如今已经等了他整整一年多了。自己也算没有食言，一旦中进士就回来迎娶她。赶到饶氏家中才知道一位叫程羽宸的商人替他出了五百两的聘资。这时程羽宸也打听到郑板桥回来的消息，得知郑板桥未谋得官职，二人有缘长谈，程羽宸有意成全他与饶姑娘二人，慷慨解囊又赠五百两。郑板桥自言："自遇江西程子骏（即程羽宸），扫开寒雾到如今。"郑板桥也回报程羽宸一些自己的字画，并表达过想和他一同去黄山游玩的愿望。

与饶氏的结合给郑板桥带来了美满的感情生活，后来饶氏还为五十二岁的板桥生了一个儿子。这样老夫少妻的组合令郑板桥仿佛重获青春："闺中少妇，好乐无猜"，"无端又坐青纱上，远远张机捕雀儿"。作为妻室，饶氏十分照顾板桥的身体："小妇最怜消渴疾，玉盘红颗进冰桃。""楼上佳人架上书，烛光微冷月来初。偷开绣帐看云鬟，擘断牙存拂蠹鱼。"

郑板桥身为典型封建士大夫，却不畏人言，大胆地将对饶氏的钟爱之情书写出来，倜傥不羁的性情显露无遗。他们夫妻二人住枝上村李氏小园。傍花村位于城北，绿杨城郭，一派田园风光。"小园十亩宽，落落数间屋。春草无秽滋，寒花有余馥。"

但郑板桥不是甘居温柔乡不思长进之人，他认为自己此时赋闲在家，正好可以安心专注于画艺，进一步提升自己的创作水平。如今的郑板桥在扬州的知名度已经很高了，画作也受到众人的欢迎。

为官之前在扬州的四年是板桥书画人生日趋成熟的阶段，勤于动手、勤于思考的他总结出许多前人的经验，并升华出自己独到的见解。

郑板桥在《刘柳村册子》中阐发了自己"怒不同人"的观点。庄子谓："鹏怒而飞，其翼若垂天之云。"古人有"草木怒生"的说法，这么看来万事万物存在着无怒而生的情况了吗？郑板桥的书法就是"以汉八分杂入楷行草……亦是怒不同人之意"。这里的"怒"可以理解为"发愤"，虽然说的是书法原理，但是"怒不同人"的观点依然渗透到他的绘画风格，以及做人的态度中。从小他就是一个懂得"发愤自雄"的孩子，一直认为自己是要自立门户、不走前人老路、不拾人牙慧的人。独树一帜的前辈是他的标杆，他的观念也从不囿于常人世俗的惯常看法。

当年李鱓就指出板桥可以成为"自立门户"的大家，郑板桥一直感念李鱓的知遇之恩，决心闯出一番名堂，在丹青史上也镌其姓名，夸耀后世。

在板桥还处于"乞食"落魄境地的时候，就已经开始琢磨石涛这位笼罩扬州画坛的传奇画僧的作品。石涛不拘泥古法，不尊主流的画法给了郑板桥很大启发。当时有"石涛善画，盖有万种"的说法，如果每样都去描摹，怕是穷尽一生也只能成为石涛第二，然而板桥是要成全自我的人，他不愿跟在别人身后亦步亦趋。

"石涛画竹，好野战，略无纪律，而纪律自在其中。燮为江君颖长作此大幅，极力仿之。横涂竖抹，要自笔笔在法中，未能一笔逾于法外。"

况且他也有所自知，认为石涛之长，某些方面是他学不上的："甚矣，石公之不可及也！"于是他对石涛的学习着重放在兰、竹、石的写意上，在洒脱处见精微，在平常处见别致，师造化与师名家相结合，从模仿中体悟创造。板桥通过长期对石涛的心仪手追，终于发现自己相较石涛差在"功夫气候"："石涛和尚客吾扬州数十年，见其兰幅，极多亦极妙。学一半，撇一半，未尝全学；非不欲全，实不能全，亦不必全也。诗曰：十分学七要抛三，各有灵苗各自探；当面石涛还不学，何能万里学云南？"

正如诗中所说他决定学其七分抛其三分，有所传承有所突破，将石涛笔下竹的酣畅淋漓融入自己灵动、飘逸的墨竹中。板桥的竹看似不经意的三两枝、六七枝，但枝枝丫丫都是他经过深思熟虑悉心研究构图之美的结果。他自己说，开始画竹时，能少不能多，后来能多不能少。六十岁时才知道减枝减叶之法，一枝有一枝的用处，一叶有一叶的用处，多余的一枝一叶也不要，这叫"简"字诀。

他对紫竹、朱竹、雪竹和那些画竹的杰出画家都进行了深入的研究，上下古今，诸法皆备，最后专攻一体，终以墨竹见长。

不仅如此，郑板桥的诗词修养也颇不俗，长题短跋，点缀画间，与错落有致的墨竹酝酿出天马行空般的洒脱气质。善于总结的板桥还从理论高度提出很多精辟的画理，成为指点后人画竹的金玉良言。

就这样，他汲取石涛的养分摆脱了石涛的束缚，在扬州自立一派，令时人刮目相看。

板桥挚友董伟业在《扬州杂咏》中赞扬他："湘兰淇竹高人格，写照传神不在奇。法拟石涛能活用，板桥居士是吾师。"

郑板桥成为继石涛之后的一位大家。他和李鳝、金农等一道，共同推动了"扬州画派"的产生和发展壮大，使之后来成为中国画史上一个重要流派，也就是闻名于海内外的"扬州八怪"。

做官之前的郑板桥和金农等好友在扬州游玩山水，甚得其乐，这同时是一个结识扬州权贵，打入上层的过程。虽说郑板桥尚未做官，但毕竟是离仕途仅有一步之遥的"潜力股"，所以当地官员也时常来看望板桥，双方经常走动。社会地位的提高让他有机会结交一些地方的大吏。

高邮州的知州傅椿专门乘船去拜望过他，这位知州很有政声，颇得民心。郑板桥写长诗描绘了当年高邮水患及傅公的治理情况，将傅公歌颂了一番。他还给江南布政使晏斯盛献过诗《上江南大方伯晏老夫子》。在丙辰礼闱时，晏供职鸿胪寺，拉关系也可以说是郑板桥的老师，郑板桥感谢他"惭愧无才经拂拭"，于是他"也随桃李谒高山"，告诉晏自己有吏治方略。

乾隆四年（公元 1739 年），郑板桥还呈诗两淮盐运使卢雅雨。这位盐运使就是拥有"东南文坛盟主"雅号的卢见曾，他不仅是朝廷三品大员，更是扬州文坛各种文化活动的组织者。他与中下层文士倾心相投，很多文人艺术家都是耳闻他的大名前来投靠做幕僚的。

郑板桥作诗《送都转运卢公四首》向卢公示好，诗中将自己的落拓境遇说明，希望引起卢见曾的注意。事实上，当时郑板桥因为引荐碰到一些困难，借机在诗的最后，发牢骚说"吹嘘更不劳前辈，从此江南一梗顽"，像是孩子赌气一般说自己干脆不想做官了。可惜此时，这位卢见曾因为太过耿直，触犯了贪官污吏及不法盐商的利益，被流言诽谤，乾隆皇帝没有查明真相就将他发配充军了……直到乾隆九年（公元 1744 年）才得以平反昭雪。郑板桥觉得自己最后的希望也泥牛入海无消息了。

焦急的板桥已经等不及了，万事俱备，只欠东风，但凡有位贵人相助，即可平步青云一展雄图了。就在这个关键时刻，京城传来的入京候补的消息由两个专差亲自送达郑板桥手中。郑板桥匆匆收拾了行李即刻赴京。在家待官六年终于要被起用了，此刻他只想引吭当年青莲居士的诗："仰天大笑出门去，我辈岂是蓬蒿人"。

第四节　为官经历

1. 范县为官

乾隆六年（公元 1741 年）秋，已经四十九岁的郑板桥被召见入京候补官缺。乾隆帝的皇叔慎郡王允禧现在已经是亲王了，他热情地接待了郑板桥。不等郑板桥行完礼，允禧便拉着他来到正厅，嘘寒问暖，上下打量这位老朋友。郑板桥不禁感叹时光的飞逝，当年十四岁的少年已经贵为亲王……允禧为郑板桥安排了接风酒席，在饭桌上为郑板桥亲自执刀切肉，并笑着说："当年玄宗亲自调羹给太白吃，本王今天亲自为板桥割肉，一前一后，也差不到哪里去吧?"两人相视而笑。

其实允禧是对郑板桥有事相求的，他想出版自己的两本诗集《随猎诗草》和《花间堂诗草》，必须要找到一个书法了得的人来书写刻印，允禧早年就对郑板桥的书法印象深刻，认为能接此项任务的人非郑板桥莫属。不仅如此，允禧还请求郑板桥为他修改定稿，并作序。

郑板桥受宠若惊，认为这有些太抬举自己了，清醒地认识到自己不过是受人之托，手书刻印而已，怎敢有多造次，于是谦虚地婉拒了允禧让他作序的请求，仅仅写了一篇简略的《跋》。《跋》一般是放在书文之后的，作为《序》的补充而存在，在重要程度上不如《序》。

郑板桥所写的这篇《跋》十分得体，将允禧好学、善读书、礼贤下士的品质悉数列出，"其胸中无一点富贵气，故笔下无一点尘埃气。专与山林隐逸、破屋寒儒争一篇一句一字之短长，是其虚心善下处，即是其辣手不肯让人处"。"主人读书好问""问一人不得，不妨问数十人，要使疑窦释然精理迸露。故观火观水也。""读书精而不骛博"……还将允禧与杜甫、王维、韦应物、杜牧等大家做比较，发问："问琼崖之诗已造其极乎？曰：未也。主人之年才三十有二，此正其勇猛精进之时。今所刻诗乃前矛，非中权，非后劲也。执此为陶谢复生，李杜再作，是诌谀之至，则吾岂敢！"最后，郑板桥的结语很真诚，不似之前对待其他官吏大人那样吹捧拔高。可见他与允禧是彼此肝胆相照的好友。

这篇《跋》写于郑板桥在范县任上，此时的郑板桥已经是范县县令了，之前为允禧刻写诗集用去将近一年时间。乾隆七年（公元 1742 年）春，郑板桥接到朝廷任命其为山东范县县令的诏书，只是一个外任，远离京师。郑板桥最初中进士之后很想在六部谋得官职，这样的任命让他感觉出一些失落。"县"属于地方基层，是清代统治的底层单位。由于县令官微职小，因此也经常被人称为"七品芝麻官"。

郑板桥有一方"七品官耳"闲印，即用以自彰此次出仕。官职虽小，所辖虽偏，但毕竟是一个可以施展自己"兼济天下"的舞台。

赴任山东前，慎郡王为他作了《紫崖道人送板桥郑燮为范县令》一诗："万丈才华绣不如，铜章新拜五云书。朝廷今得鸣琴牧，江汉应闲问字居。四廓桃花春雨后，一缸竹叶夜凉初。屋梁落月吟琼树，驿驰诗简莫遣疏。"

允禧在诗中高度称赞郑板桥的才干，认为他的出仕，使扬州少了一个卖画人，而朝廷却得到了一个人才。板桥心中不敢辜负这般殷切的期望，并且即将赴任时在辞行诗中踌躇满志地写道："莫待梁园留赋客，须教七月课豳民……"（《将之范县拜辞紫琼崖主人》）表达了实践政治理想的决心和信心。

范县（今属河南省）是清代山东西部的一个小县，地处黄河北岸。郑板桥印象中的范县"朝歌在北，濮水在南"，一边是殷代的古都，一边是《诗经》里遍地植桑的沃土，是一个古文化遗存十分丰厚的古县。但是初到范县板桥是这样形容的："廨破墙仍缺，邻鸡喔喔来。庭花开扁豆，门子卧秋苔。"

事实上，这个地瘠民贫的地方只有不到两万人口，县城里也只有四五十户人家，规模还不如一个大村庄。县府衙门只是几间东倒西歪的破草屋，时常来光顾的只是隔壁邻家的几只大公鸡，它们大模大样在县太爷的衙中觅食嬉戏，全然没有逡巡之意，就像在自家院里一般。看门人卧在台阶上懒洋洋地睡着晒太阳，倒是板桥洒扫院落时常惊动停息了的鸟雀。所幸范县民风淳朴，民众安分乐业，一派古风尚存的气象。

郑板桥后来调任他处，回忆起范县不觉涕泪飘零："范县民情有古风，一团和蔼又包容；老夫去后相思切，但望人安与岁丰。"

即便是知县衙门，连带郑板桥自己也不过只有八人而已：知县一名，典史一员，儒学教谕一员，训导一员，阴阳学训术一员、医学训科一员、僧会司僧会一员，道会司道会一员。"一团和蔼又包容"的百姓几乎没有对簿公堂的时候，所以这衙门里的八个人更清闲了……

范县虽小，但郑板桥在治理方面也没有掉以轻心。他常常"芒鞋问俗入林深"，亲自前往田间地头看庄稼的收成，和老百姓聊聊天。有时知府大人来看看这位初任县令的老书生，竟然好几次都没能在衙门里看到他的身影。原来郑板桥在垄头看百姓耕田竟然睡着了……知府大人看出郑板桥也是关心农事的好知县，只是笑笑，并不为难他。

总的来说，郑板桥在范县的施政理念是"无为而治"、"卧而理之"，对百姓的不打扰就是郑板桥所希望看到的。

他褐衣芒鞋，考察了当地的农业，对"十亩种枣，五亩种梨"，对农民的种桑养蚕、种瓜种豆、田亩疆界、驴马集市、雇工生活、婚姻贫富，都有研究，并倾听到百姓对"吏扰"的不满（《范县诗》）。他确实感觉到百姓的生活还是十分疾苦的，前几年这里一直歉收，连年荒馑，百姓粗粝不得温饱。又有赋税要交，使得百姓最怕见到官吏来收租。他了解到有的穷苦农夫到了四十多岁才能攒够娶妻的钱；有的老人六十岁后就难以养老，还要给别人当佣人才能过活，一辈子过着如牛马一般的生活……村里的老人没有认出身着粗布褐衣的县令，一边拄拐擦泪一边向他诉苦。他认为没有治理不好的城邑，只有不肯用心的父母官："分明一匹鸳鸯锦，玉剪金刀请自裁。"

郑板桥十分愿意接手这些棘手的问题，他并没有将自己的责任推卸一光。在村落体验民情的过程，带给郑板桥很大的触动，他决心要将农业生产发展起来，更要使人民富裕，消除贫困。村民给他端来一杯水，他喝着觉得心里不是滋味，不能让百姓过上好日子，简直有愧于乡亲们的这一杯水："一杯白水荒途进，惭愧村愚百姓心。"

多年来在田间、集市采风问俗，躬亲幽查的郑板桥一心一意为乡民谋福利，为范县兴利除弊。经过几年的发展，郑板桥认为范县百姓的生活已经有了很大的改善，当然碰巧那几年也是丰年。

郑板桥在《登范县城东楼》一诗中，就有关于"时平兼地僻，何况又丰年"的描述。他在咏范县的十首四言诗中表达了他理想的社会，就像尧时老人所作《击壤歌》："日出而作，日入而息，凿井而饮，耕田而食，帝力于我何有。"

他来到范县三个月就走遍了全县村村庄庄、大小集镇、河流滩岗，看地形、查税负，了解民情，与现代法官走访当事人、巡回开庭等措施有异曲同工之妙。

官家史书《兴化县志》对他评价说："知范县，爱民如子。"

翻开范县的史册，笔墨最多的莫过于郑板桥。郑板桥在范县当县令五年间，以"清正廉洁的为官之道、仁爱为民的工作作风"受到当地百姓的称赞。郑板桥给范县留下最为突出的财富是他的"廉、仁、智、直"的断案文化思想，是一份珍贵的思想遗产。

民间流传着这样的故事：有两牛相斗，一只被顶死。两牛的主人于是发生了争执，死牛主人要求索赔，可是另一头牛的主人却认为两牛相斗，死伤无关主人而拒不赔偿。于是两人闹到板桥的公堂之上，板桥略一思索，写下八字判词：活牛共使，死牛共剥。两位牛主人对这个判决都很满意。

另一则故事是说郑板桥当年在兴化落魄的时候，向屠夫赊账买肉过年，结果屠夫将肉卖给出价更高、支付了现钱的买主。郑板桥觉得深受其辱，从此对屠夫恨之入骨。在范县时也对屠夫厌恶不已，偏见很深。饶氏于是捉住一只老鼠，将它挂在屋里。板桥看到问这是何意，饶氏说自己幼年有一件新衣服就是被老鼠咬坏了。郑板桥笑着说："范县的老鼠又不是扬州的老鼠。"饶氏忙说："那范县的屠夫就是兴化的屠夫吗？"郑板桥恍然大悟，办案时不再对屠夫有所偏见。

郑板桥为官清廉，两袖清风，不曾收受他人一分一毫的贿赂。他对官场的不正之风也是相当抵触。

有一年，朝廷派了一个钦差到山东巡查，这钦差姓娄，外号"搂两耙子"。他知道郑板桥为官清廉，就费尽心机要搂郑板桥的银子。待他要离开潍县时，郑板桥便送了一个大食盒给他，钦差一见大食盒沉甸甸的，想里面的白银决不会少于一千两，就兴高采烈地打开食盒，发现食盒里装的居然不是银子而是大萝卜！还附了一首板桥的诗：东北人参凤阳梨，难及潍县萝卜皮。今日厚礼送钦差，能驱魔道兼顺气。

潍县萝卜皮色深绿，肉质翠绿，香辣脆甜，多汁味美，现在已是闻名于世的地方特产。这位钦差领教了郑板桥的厉害，灰溜溜地离开了。

郑板桥晚年辞官回到故里，想去拜访好友李鱓，于是乘船去和老友相会。两人一边喝酒一边在舟上品尝那美味的鲫鱼，郑板桥突然有感而发："作宦山东十一年，不知湖上鲫鱼鲜。今宵尝得君家味，一勺清汤胜万钱。"自己在山东做知县十几年一口清炖鲫鱼汤都不曾喝过，可见其为官清廉至此。

郑板桥在范县还写过《孤儿行》、《后孤儿行》和《姑恶》等反映民间疾苦的现实感极强的诗作。《孤儿行》讲述了一个在叔叔婶婶家中长大的孤儿的悲惨遭遇。叔婶家中院落恢宏，奴仆成群，却一点都不念死去兄嫂的情分，反而责骂他们给自己增添累赘。恨得咬牙切齿的叔婶让小侄儿住在柴房，吃仆人们剩下的残羹冷饭，还要干最繁重的体力活。同时叔婶的儿子养尊处优，与孤苦伶仃的孤儿形成鲜明对比。作者谴责了叔婶凶残丑恶、灭绝人性的行为。"孤儿踽踽行，低头屏息，不敢扬声"，"豪奴丽仆，食余弃骨，孤儿拾啮……"

《后孤儿行》情节更加丰富，叙述鞭辟入里。这里的孤儿是一个年幼的女婿，为丈人所欺。丈人绝灭人性，他得到女婿家的珠玉以后，想方设法要害死孤儿，心肠之毒，令人发指。悲惨的孤儿为贼所掳，狠心的丈人买通官府，使得孤儿随盗就戮，事情终于遂恶人之愿。这是一张告发一切阴谋者、狠毒者、凶残者、无人性者的控诉状。作者塑造这些悲剧形象，旨在劝世与警世，唤起人间的善心，唤起世人对丑恶之人的鞭挞以及对弱者发自内心的同情。

郑板桥在扬州时投靠过一位从祖亲戚，即福国上人。如今，这位福国和尚跑来看望远在山东做官的郑板桥，这令板桥喜出望外。和尚还是那个和尚，只是发楂渐渐发白；交情还是那般淳厚，只是光阴荏苒，岁月无情。两个老头相视打量，少不了慨叹唏嘘……"衲衣何日破，四十有余年。白首仍缝绽，青春已结穿。透凉经夏好，等絮入秋便。故友无如此，相看互有怜"（《破衲》）。

两人同是郑氏祖先的后代，一个过着困窘的物质生活却到达了外人眼中的至高境界；另一个追求功名实现了光耀门庭的家族使命实则辛酸遍尝。当年的两个血气方刚的青年也许彼此许诺今后的生活将是如何如何，如今青春一去不复返，蹉跎之感难以言说。

"日高犹卧，夜户常开。年丰日永，波淡云回。乌鸢声乐，牛马群偕。讼庭花落，扫积成堆。时时作画，乱石秋苔。时时作字，古与媚偕。时时作诗，写乐鸣哀。闺中少妇，好乐无猜。花下青童，慧黠适怀。图书在屋，芳草盈阶。昼食一肉，夜饮数杯"(《止足》)，弹丸小邑，经过郑板桥的用心经营也焕发出勃勃生机，田里园中五谷丰登，牧场草地牛马成群。讼庭积满落花，没有案牍的烦劳，一片年丰日久的景象，他感到无限欣慰，觉得心满意足，闲下来便寄情诗画于庭院之中。

郑板桥吟诗作画没有个可以与他一唱一和的知心朋友，有时也会感到寂寞。有一次，他一口气画了三幅分别寄送他的三位同样喜欢画石的好友：高凤翰、图清格和李鱓。又用余墨在县衙墙壁再画一块卧石，并题："朝城颂简刑轻，有卧而理之之妙，故写此以示意。三君子闻之，亦知吾为吏之乐不苦也。"这里所说的朝城是一个更小的县城，一向由范县兼管，所以郑板桥一直是身兼二职。不过题词中说这里很好治理，卧而理之即可，百姓都能各得其所，安居乐业。请朋友们放心，郑板桥在这里的工作生活都很顺利，但是他不曾表露的日复一日的寂寞之情，不知朋友们能否听出……

他与李鱓时常以书信沟通，当时郑板桥上任之时正是李鱓罢官南归之际，所以郑板桥在信中劝慰老兄不用太留恋仕场。而且借用张翰思念故乡的鲈鱼莼菜的典故，希望自己也能没有遗憾地回归故乡。"待买田庄然后归，此生无分到荆扉。借君十亩堪栽秫，赁我三间好下帏……"也许郑板桥此时真的很孤独，很想念家人亲友，设想出晚年要向李鱓借几间茅草屋来享受天伦之乐。

范县为官后的第二年暮春，郑板桥回到了令他梦萦魂绕的扬州。与金农、杭世骏等友人在"二马"的小玲珑山馆相聚。马氏兄弟欢迎这些文士，并且拿出了前朝马四娘画眉的螺黛、太子坊的纸和宋元时代的一些古碑帖展观。在座的杭世骏吟诗，厉樊榭抚琴，板桥就作画，最后金农题诗说："修禊玲珑馆七人，主人昆季宴嘉宾，豪吟董浦须拊手，觅句句山笔点唇。樊榭抚琴神入定，板桥画竹目生瞋，他年此会仍如许，快煞稽留一老民。"

乾隆十年，郑板桥五十三岁，他在范县、朝城县任职已四年，政绩甚佳，口碑甚好，可称"清和得意"。就在去年，饶氏为郑板桥生下一个儿子。郑板桥曾在三十一岁时痛失爱子，如今得到上天眷顾，老来又得一子，欣喜不已。他一个人照顾不了饶氏母子，于是在这一年的冬天，也正是他任满例假回乡省亲的时候，将他们母子二人送回兴化老家。

郑板桥治理范县颇有政声，当时于敏中乃山东学政，十分欣赏郑板桥，有意提携他，于是推荐郑板桥，他才有机会被任命为潍县县令。

2. 立功天地，字养民生

郑板桥改任潍县，从此成为潍县知县，七年之久。潍县人口15万，年赋税接近范县的四倍之多。虽说是平调，实际上可以说板桥这次是"升任"。这潍县一直以来有"潍县原是小扬州"一说。城镇规模较大，商业繁荣，手工业发达，经济基础很好，是山东东部的大邑。不过就在去年，潍县发生了疫情，紧接着又出现海水倒灌等诸多灾情。

郑板桥政治生涯真正要面临的严峻考验这才开始。他在赶往潍县时看到的是赤地千里，草木枯槁，农田荒芜，灾民流离失所，更大的自然灾害发生在他到任的第二年。并且疫、卤、旱、涝这一系列的天灾交替发生，一直持续了五年之久。事实上这些天灾并不是摆在他面前的唯一难题……

"连云甲第尚书府,带宅园林太守家。"潍县城中的豪绅大户颇多,他们当中许多人都与省城和京内的要员有千丝万缕的联系。在这样的县做官,最难以处理的就是与这些人的关系。既不能得罪他们,使自己难于在本县工作,又不能屈服于他们,成为他们的工具。

据说,郑板桥上任时,有些不怀好意的乡绅买通衙役,安排轿夫抬轿子时故意不停颠簸,想捉弄郑板桥一番。郑板桥坐在轿子里被颠得五脏六腑都要出来了,于是他想了一个办法,命令轿夫停下。郑板桥指着不远处当地农民们准备盖房和盘炕用的一垛墼块,问前来迎接的潍县县衙管事:"那是什么?"当管事给他介绍了墼块的用途后,郑板桥说自己是南方人,从来不知道泥巴还能这样制成坯盖房子。他要衙役们搬20块放在轿里,带回县衙,学学是怎么做的。这种墼块一块约十几斤重,加上郑板桥的重量,轿子稳稳当当地,轿夫再也颠不起来了……重新上路后轿夫们直累得气喘吁吁,面面相觑。郑板桥巧妙地先和乡绅和轿夫们打了个平手。

可是县里的土豪乡绅没那么容易气馁。哪个县令敢对本地根深蒂固的势力不恭不敬,不都是忍气吞声或是与乡绅们狼狈为奸,欺压百姓?可是这个外乡来的瘦小的县令却站在了他们的对立面——百姓这一边。

新任县官拜谒当地的豪绅已经成为一条潜规则,意味着两方的合作,透露出乡绅们天长日久的有恃无恐。但是郑板桥不吃这一套,于是他们找上门来,寻衅滋事。他们派几个恶奴到衙门前闹事,将小贩的摊位踢翻砸烂,逼迫小贩去告官,让郑板桥出来调解。郑板桥问众人是谁打翻小贩的摊位,众人惮于恶奴侵扰不敢作声，恶奴齐声起哄道，是衙门口的青石所为。郑板桥意识到是有人派来为难他的，于是不露声色，将小贩领入公堂，又下令将青石抬进来，大伙儿都来围观，想看看这个新县令要如何处理这个案子。郑板桥一本正经，审问青石，青石哪里会说话，便命衙差打青石40大板，惹得一旁的几个恶奴大笑不止。郑板桥装作一脸天真地问他们为何而笑？恶奴捧腹道，青石无嘴无腿，又不是活人，如何开口说话？板桥勃然大怒："既知石头无嘴无腿，何以作伪证欺负本官？"下令将作伪证的恶奴们一个个重打40大板。从此县里豪绅知道了这位县太爷不是等闲之辈。

再说县衙，不过是几间年久失修的破败官署，当时潍县城中也是一片荒凉。他在一首诗中说过，这里连给县太爷写信用的纸都没有，天冷了也没有炉火，逼得县衙里的人早早起来晒太阳取暖，其处境艰难可想而知。对于这样的办公环境，他也只是发发牢骚而已，当前最紧急的任务是救活灾民。

板桥首先惦记的还是城外挣扎在生死线上的百姓。潍县当年是富庶之地，却也经不住连年的灾荒，何况那好年成里的丰收的粮食又有多少落到乡亲们的仓中？且看城中富豪大户，依旧是余粮充裕，甚至以高价粜米获不义之财，仿佛灾荒与他们是毫不相关的。更可恨的是有些地方官吏为求升迁瞒报灾情。当时的山东巡抚、知府，为求龙颜之悦，对灾情轻描淡写，让皇上放心，导致中央的救济迟迟不能供应。囤积居奇、哄抬粮价的豪绅个个想方设法压榨百姓，聚敛钱财。俗话说"穷生奸计，富长良心"，当年范县人民生活固然穷困，但民风淳朴，如今潍县富人不少，可全都泯灭了良知。

板桥痛心之余写下《逃荒行》和《思归行》记载下百姓"十日卖一儿，五日卖一妇"的悲惨现状。起初，民饥无食，只得将耕田拉车的牛马家畜宰杀吃掉，家畜对于农民来说是他们宝贵的、最实在的财富。

然而灾荒继续，家畜吃尽，人也饿死。灾情最严重时，斗粟值钱千百，甚至有钱也买不到粮食，已经到了人吃人的地步。穷苦百姓卖儿鬻女，纷纷逃离故土，流落他乡。万般无奈，乡民将孩子、妇女卖掉以求存活，可哪里有粮食让他们果腹啊？纷纷外出逃荒，很多都饿死在路上，虎狼便将饿殍吃掉，村人惊恐万分，到最后瘦得脱形的尸体连野兽都不愿去碰。

连续十个月的干旱，郑板桥坐不住了。"潍县原是富豪都，尚有穷黎痛剥肤。惭愧他州兼异县，救灾循吏几封书。"身为父母官的他只能按照制度上报灾情，请求上级赈灾。而灾情在远离民间疾苦的大吏眼中简直不值得一提，他们看到郑板桥上报的公文十分恼火，生怕因此打搅了自己的升官梦。于是污蔑郑板桥谎报灾情，意图不轨，"记大过一次"！郑板桥一面听着上司的教训，一面紧张地筹划着救灾事宜。饿死的百姓一天比一天多，他坐卧难安，不能入眠。

顾不得什么上司的训斥和警告，他必须采取有力的措施保护他的百姓们。他一边通过各种渠道辗转将灾情上报，以便让朝廷、皇上知道。一边开官仓赈灾，并运用各种办法稳定粮价，积极自救。

按照我国古代传统的荒政理论，《周礼·地官·大司徒》则明确提出过"以荒政十有二聚万民"，包括以下十二项措施："一曰散利、二曰薄征、三曰缓刑、四曰弛力、五曰舍禁、六曰去几、七曰眚礼、八曰杀哀、九曰蕃乐、十曰多昏、十一曰索鬼神、十二曰除盗贼。"其中以轻徭薄赋、开仓济贫、开放山禁、节省开支、平抑物价等最为重要。郑板桥在潍县实行的赈灾措施，也离不开《周礼·大司徒》的荒政理论精神。

清代各县均设有常平仓，镇设义仓，乡村设有社仓。县级常平仓归国家专管。主要用途是春夏出粜，秋冬籴还，用来调节市场粮价，灾年可向灾民放赈。像潍县这样的大县，若要动用仓粮，需要严格按照制度报批，才可以放赈。官文往返费时太久，灾民已经是涸辙之鲋，等不及那些繁文缛节对时间的消耗了。

郑板桥当时毅然决定开仓救民。衙门里有人劝他说："你这样擅做主张，是要影响仕途的啊，何况还是要背负罪名的。"郑板桥回答他说："这都什么时候了？等文书获批传到我手里，百姓已经一个不剩，全都饿死了！若是上面怪罪下来，我担着。"所以，郑板桥是冒着极大的风险，在未经上级同意情况下，打开官仓，发放粮食赈济了饥民。

同时，他还通知县里富厚之家、"积粟"大户，立刻平粜粮食给灾民，富户们虽然满心不情愿，却也不敢违抗。何况，板桥已经开仓放米，大量米粮进入百姓家中，并投放市场，囤积居奇的米商富户已经难以获利。所以即便是不情愿，也只能以平价粜米。这些乡绅富户分布较广，比官仓更好地接济了百姓的生活。官、绅合力"活万余人"。

就在郑板桥忙得心力交瘁时，从朝廷传来了一个"糟糕"的好消息。乾隆十二年（公元 1747 年），乾隆帝正值年富力强、鼎盛春秋，励精图治是他的主要目标。所以乾隆辗转得知山东官员匿报灾情之后非常恼火，连下几道圣旨，斥责地方大员，责成勉力救灾，调粮济民。郑板桥因此也把自己的上司彻底得罪了，为他自己的仕途埋下了隐患。

乾隆委任一品大学士兼吏部尚书高斌来到山东视灾放赈。高斌一到山东就由郑板桥陪同巡察各地灾情，一路上不敢耽搁。巡视途中，五月中旬的一天，天降甘霖，长达十个月的大旱得以缓解。郑板桥作诗庆贺这久违的雨水："相公捧诏视东方，百万陈因下太仓。天语播时人尽饫，好风吹处日俱长。村村布谷催新绿，树树斜阳送晚凉。多谢西南云一片，顿教霖雨遍耕桑。"（《和高相公给赈山东道中喜雨》）。

这次降雨起初不大，郑板桥担心这雨水对于旱情只是杯水车薪，可万万没有料到，这雨竟然越下越大，直到泛滥成灾。连绵的阴雨使范县好多地方成为一片汪洋泽国。郑板桥意识到，这场对抗天灾的战役一定是一场攻坚战和持久战。这场雨时大时小，连月不止，各地盗贼蜂起，饥民流落，民不聊生……

朝廷拨粮也只能救一时之急，实现自救才是最有效的办法。他捐出自己养廉的银两充当粮款，再由饥民具结借粮。但是饥民太多而自己的俸银有限，于是他决定大兴建筑，以工代赈，将远近饥民都招用起来，发动他们修筑城墙。凡是当地的富户都接到板桥的命令，即轮流设粥棚供给劳工们食物。

郑板桥与富户不断周旋，使尽了各种手段，只为保一方百姓平安。

有一则民间传说，郑板桥初到潍县由于字画名气颇大，总有很多富人来求画求字，以装点门户、附庸风雅。可是郑板桥与富人一向难以和谐相处，这种隔阂感就像人的容貌一样，与生俱来。凡来求字画者，他均视为本县庶民，招待一杯茶后送出衙府，书画二字一概不提。

有个叫周融的盐商，一心想得到郑板桥的书画。这年春末夏初，他又派人去打探情况。来人说明意图后，郑板桥干脆明了地说："富人求画，日出西边；穷人求画，送至门前。"来人便知道事情难办，就起身告辞了。回去后，他把原话转告周盐商，周某听后，心里豁然一亮，遂生出一计来。

没过几天，衙役带着一个模样落魄的中年男子来找郑板桥。郑板桥正在看书，见来人衣衫褴褛的样子，便知是饥民，郑板桥命衙役带他去领些银子。可是这个穷汉子"扑通"跪倒，郑板桥见他似有苦衷，便连忙扶起问话。一经端详才看出他身着补丁累累的破棉袄，脚下一双草鞋破烂不堪，便问道："这夏日炎炎怎么还穿着棉袄啊？"中年男子说："郑大人，实不相瞒因老母亲有病，无钱抓药，把几件能穿的夹衫全押在了当铺，家中只有这件没人肯要的棉袄了。""那我多赏你些银两便是，回家好好照顾老母亲。"郑板桥微笑着宽慰他。"大人您且听我道来，我家老母亲出身书香门第，数十年前不顾家人反对，执意嫁给了一贫如洗的家父。后来，家父不幸早逝，我家日子越过越穷。如今母亲病危，想到人生坎坷，就让我来求大人的一幅画作。我问缘由，老母亲说她当年待字闺中时，娘家就有两幅前朝画师的墨竹图，十分喜欢；如今，她与娘家断了关系，欲再度欣赏墨竹画，只好向大人求讨了。请大人看在我老母亲的分儿上，赐小人一幅画吧。"中年男子愁容满面地说道。

郑板桥耐心听着，有些动容："真是难得的孝子啊，本官就成全你的心愿。"男子连忙跪拜，千恩万谢，泣不成声。郑板桥扶起他，便吩咐仆人准备纸笔，要作一幅墨竹图。男子不时用衣袖揩泪，捉襟见肘的衣袖里露出白皙的胳膊。板桥不由得满腹狐疑，再低头细看，那哪里是一双劳人的手呢？细皮嫩肉，还很有光泽，于是便心中有数了。"这样吧，你先回去，我作画且需时日，留下你的住址，我画毕送去贵处便是了。"男子一听，忙说："不敢烦劳大人了，小人所居之地偏僻难寻，不如一个时辰后我自来取，不知大人意下如何？""这样也好。"郑板桥双手倒背身后，说："你先去忙吧。"中年男子刚出衙门，一个衙役就追了上来，对男子说："这位大哥，等等，郑大人要小的赶来赠你一句话。"他上前对中年男子小声说："大人说，干磨的刀子不亮，佯装的人不像，水中的月无光，墙上的饼不香。"衙役说完转身走了。中年男子怔了片刻，跺了一下脚，长叹一声，气呼呼地走了，他就是富商周融。

转眼到了秋天，周融与外省一田姓大客户谈妥了一笔大生意。为了永远拉住这个客户，同时显示自己的声望和儒雅，他准备赠送客户一幅郑板桥的书画，自己也想收藏一幅，求画之心更加迫切了。他不知从哪里打听到有个叫刘十九的戏班班主与郑板桥是结义兄弟，交情很深，就备了份礼，上门去请刘十九向郑板桥说情。刘十九曾在周家唱过两次戏，也算有过交情，又因其职业缘故，不好推脱，便答应替周融去试试。

这天，刘十九手捧周融准备的 200 两银子，前来见郑板桥。说明来意后，郑板桥十分不悦。当时，山东潍县与邻近两州四县，连续数月无雨，旱情十分严重，许多百姓背井离乡。郑板桥整日为灾情忧心，一听周融又来求画，心中更加烦恼。刘十九看出了郑板桥的心思，就对他说："郑大哥，天灾人祸，自古不绝，光急也不是办法。皇帝老子不开恩救济，大哥你一个穷县令有什么办法呢？周融这个盐商，家里的银子成堆，现在你急需银子赈灾，何不……"郑板桥看了看桌上的满盘银锭，又看了看刘十九，脸色缓和了一些，说："十九弟，不是为兄不给你面子，实在是富豪难与我共谋呀。这回我就破例。你去告诉周盐商，我答应作画，可画金嘛，润笔太少，提不起笔呀。"刘十九当夜将郑板桥的原话转告周融。第二天，周融就派人又送去 200 两银子。郑板桥让送银子的家丁等候在外，自己迅速来到书房，画了两幅兰竹图，并分别题诗四句。第一幅上写道："昨夜春风，吹得芳兰，独有青竹，更无众卉。"第二幅上题的诗句则是："高高低低，虚虚实实，兰心竹风，千载万年"。郑板桥把画好的画交给周家的家丁，让他带回去交给周融。

周融接到郑板桥画的兰竹图，迫不及待地展开欣赏起来，只见竹挺秀，兰芬芳，笔力苍劲，画风不同凡响，不由得连连叫绝。但当他读到左上角的题诗时，一下瞪直了双眼，急忙展开另一幅，也是一样，题的都是读不懂的几句残词。这分明是郑板桥乱七八糟胡写一气，简直是故意糟蹋画作，成心叫人为难嘛。把这样的画作赠送给田老板，岂不是耍弄人家？周融气咻咻地去找刘十九，说了对郑板桥题诗的不满意，要郑板桥重新画两幅。郑板桥知道后，说："他周融是吃饱了饭不知道放碗，他送来银子只说要我作画，我好心为他题诗两首，本来是额外送给他的，无奈诗句没有润笔费，我写了一半就写不下去了。如果他想要全诗，就再送 400 两银子来，我会考虑把题诗改一改。"

周融听郑板桥说还要银子，心疼得半天说不出话来，可想到已经花了 400 两银子，如果不把诗句补好，手中的两幅画等于是废画。无奈之下，他只好答应再备 400 两银子，大摆酒宴，请郑板桥亲临他家补题诗句。三天后，郑板桥带着两个随从如约而至。大庭广众之下，他提笔在两幅兰竹画的每句诗后各补了三个字。原先读不懂的"残诗废词"，一下子就变成了两首完整的七言绝句。其一是："昨夜春风入山来，吹得芳兰处处开。独有青竹为君伴，更无众卉许同栽。"其二则是："高高低低兰与竹，虚虚实实节跟质。兰心竹风学不尽，千载万年入诗书。""妙呀，妙呀，画好、诗好，真乃双绝呀。"在众人的欢呼叫好声中，郑板桥令随从拿起周融补上的 400 两银子，匆匆走出周府回衙门去了。

郑板桥把从周融那儿得来的 800 两银子全数充公，又派人用这些钱买了几百担粮食，在城东、城西两个城门口，各增设了几口大锅，熬粥放市，赈灾济民，救活了许多百姓。

雍正八年（公元 1730 年），六月二十四日，洪水暴发，潍县的城墙被冲垮一千八百余尺。城内绅民的生命及财产受到严重冲击和毁坏。修筑城池，有利于保护潍城内居民的安全。而潍县城内住有许多富商和豪绅，修筑城池对他们有益。在当时灾民为求生存，劳动力非常低廉的情况下。富商豪绅捐资修城，既是救济灾民的义举，又廉价修筑了城池，对自己的财产安全有益，可谓是名利兼得，动员富豪们出资应该是行得通的。

可是，出身异乡的新任县令如何向乡绅开口，怎样才能做到众望所归，使人信服呢？为了带动潍县城内的富商豪绅响应出资修城的号召，郑板桥先亲自出资 360 两，修城 60 尺，后来又加修 20 尺，作为榜样。在他的缜密策划和亲自带动下，这次捐资修城活动成功了。郑板桥与乡绅们议定每尺造价六千文，由各富户自认修多少尺，并由公推的乡贤郭伟业、郭耀章全面负责集款督修，"本县（板桥自称）一钱一物，概不经手"。

修城工程从乾隆十三年（公元 1748 年）十月开工，士绅富豪们捐了 8786 两银子和粮食若干，修城 1800 余尺，于次年三月完工。潍县城内的豪绅们在为捐资修城完工庆贺自豪时，郑板桥也为通过修城救活了一大批灾民而感到欣慰，而被救活的无数潍县人民也永远记住了这位爱民如子的父母官。由于措施得力，潍县的情况改观了许多，外出逃难的民众也陆续回来重建家园。

石城大体竣工以后，有些没有修葺的城墙段依然漏水。于是一些烟铺商贩捐资修土城，出资数量虽然不大，但其志可嘉。郑板桥亲自写了《潍县永禁烟行经纪碑文》勒石，文中规定以后潍县的烟由众烟铺专卖，其余未经批准者不得经纪，以报功彰德。这方碑是郑板桥治县有方、赏罚分明的物证。

郑板桥又于乾隆十五年重修城东角文昌帝君祠，文昌祠就是供奉"文曲星"文昌帝君的祠堂。道教尊文昌帝君为掌管文昌府和人间禄籍的神仙，也是一方百姓尊奉的文化之神。读书人奉为神明，祈求文昌保佑即可登科高中。补建官亭三楹及魁星楼，重饰文昌阁，致使此处成为全城名胜。

每逢春秋佳日，登楼闲眺，可远望浮烟山，近揖白狼河，阡陌连云，垂杨夹堤，景色十分秀美。

乾隆十七年，也是板桥在任的最后一年。他又在城内大事修葺城隍庙，重建两廊。于大门外，又新立戏楼一所，费及千金。郑板桥自撰并书"神之听之"匾额于其上，又书《重修文昌阁记》、《新修城隍庙碑记》两文。他作的这两篇文章，文字非常特别，处处显示才情，辞藻隽永新颖。

郑板桥因此在潍县深受百姓爱戴，获得"有政声"、"有惠政"的美誉。当他两袖清风地离开潍县时，百姓"痛苦遮留，家家画像以祀"，争相挽留这位难得的好官。而郑板桥也不再是那个"以区区笔墨供人玩好"的穷画匠、酸诗人，他终于在政治上实现了自己的抱负，得到了百姓的认可。同时也用自己的一支笔记载了百姓疾苦，传达了民生民情，他真正实现了"立功天地，字养民生"的理想。

3. 板桥断案

郑板桥身为县令，审理案件也是他的日常工作。公堂之上，要审理上告的种种案件，做出判词，书于状纸。

如今尚存的郑板桥所书判词都被后人当作书法精品保留了下来。从这些判词中不难看出板桥受理的案件多而繁杂，事无巨细，悉以咨之。这说明郑板桥所在的衙门，不是利用司法权力阻碍公正、进行敛财贪污的衙门，也不是"八字衙门朝南开，有理无钱莫进来"，让富人洗清罪责、逍遥法外，让穷人背负罪名甚至囚禁牢中的衙门。

潍县百姓大抵是相信县令的人品，所以大到占田霸户、杀人越货的刑事案件，小到邻里纠纷、夫妻拌嘴的家长里短，都要找郑板桥决断。既然人家闹到了公堂，那就都是需要郑板桥谨慎对待的案件。卷宗已经找寻不到，案件的具体情况我们现在不得而知，只能从残存的判词册中一窥郑板桥的办案风格。

其中有一则"判词"说："郎氏因无嗣而嫁，又有母家主婚，便非苟合。明系不得分财礼，借词渎控。"被判驳回。显然这是在祖护一个再嫁的寡妇。还有一则是"孀居寡媳，应善为抚恤，何得纵子逼婚？故从宽准息，再犯倍处。"判词中照顾了不愿被逼婚再嫁的寡妇。

前后两则判词都遵循了寡妇本人的意愿，并没有牵强地按照礼教约束来处理。看得出郑板桥处理得比较合宜，以息事宁人、减少强制的手段化解矛盾。这符合郑板桥的一贯性格。总之，此事从潍县传播开来，一时成为美谈。

郑板桥办案还有一个鲜明的特点，就是于机智风趣中解决问题。前文提到的"青石案"就是他智慧的展现。天灾为患的那几年，粮价飞涨，贫民已经饥无可食，眼见得性命不保，便纷纷在滨海地带私自晒盐贩卖。可是盐业一向是国家命脉，只许官营，而不允许私自贩卖。一次，一个经官家核准取得卖盐资格的盐商拿到一名"半篓盐挑"的贫民，扭送县衙告状。富商盛气凌人，说前任知县对于犯了王法者严惩不贷的案例。富商也素知板桥偏袒贫民，此次有真凭实据，就看如何发落。郑板桥说："示众如何？"富商点头。郑板桥说："就在你店前示众如何？"富商大喜。郑板桥又说："就在你店前示众一日如何？"富商则大喜过望。示众那天，郑板桥给盐贩戴上枷锁带到盐商门前。可是这枷锁是芦席特制，上面画满了兰花和墨竹。这个画满兰竹的枷并不重，但是吸引了许多前来欣赏这兰竹图的人。不久，人越聚越多，大家都来凑热闹，把富商的店门围了个水泄不通，生意也做不成了。到了第三天，盐商只得来请板桥将盐贩免刑。板桥用这样巧妙的办法将贫民又"袒护"了一次。从此，上告穷贩子的诉状也越来越少了。

郑板桥最看不惯这些唯金钱马首是瞻的富人嘴脸。他在潍县二堂题有一联，联曰："官要虚心，总能发作厘奸，须识我得情勿喜；民官安分，若到违条犯法，可怜汝无路求生。"从这也看得出郑板桥刚正廉洁、执法不阿的决心。由此联牵扯出一则郑板桥妙联拒说情的故事：郑板桥在潍县查处了一个名叫李卿的恶霸，这李卿态度蛮横，全无俯首认罪之意。原来他的父亲是刑部的大吏，名叫李君，这让恶少有恃无恐。李君听说儿子被抓起来，急忙来找郑板桥。作为一名在京师供职的大领导，对于板桥这个小县令，求情的话自然是说不出口的。自以为见多了大风大浪的李君来到板桥家中，也不急着说自己儿子的事情，指着板桥桌上的文房四宝说："郑兄，你我题诗作画以助雅兴，如何？"板桥也深知这李君心中已有了自己的打算，马上爽快应允。李君当仁不让提笔便画，只见那纸上逐渐显现出一片冒尖的竹笋，上面还飞着一只乌鸦。画毕，李君便让开了，面露不屑之色，然后请板桥画。

　　郑板桥心中已经猜透了李君的意思，于是提笔在自己的画纸上画起了自己最拿手的兰草，片刻即成，又在兰草间添了一只飞舞的野蜂。待板桥画完，李君嘴角微扬，对板桥阴阳怪气地说："郑兄，我这画可是有名堂的，叫'竹笋似枪，乌鸦真敢尖上立'，怎样？哈哈……"说完李君大笑起来。郑板桥也笑起来，指着自己的画说："李大人厉害呀，不过拙作也是有讲究的，叫作'兰叶如剑，黄蜂偏向刃中行'……"

　　李君心中一惊，这小小县令对自己并不犯怵，颇有"明知山有虎偏向虎山行"的硬气。于是马上换了一副嘴脸，和颜悦色地问郑板桥自己可否在画上题几个字？郑板桥点头，果然，这位李大人一改盛气凌人之态，在纸上写下"燮乃才子"四个大字。郑板桥知道他这是要来软的，于是顺势在纸上接着写下"卿本佳人"。李君大喜，明知故问："我这'燮'字可是郑兄大名，你的'卿'字可是……"郑板桥笑说："自然是贵公子宝号了。"李君眉开眼笑，看来这事板桥可以为自己摆平了："承蒙郑兄关照，既然我家犬子是佳人，那请郑兄高抬贵手放他一马吧……"郑板桥立即装出一副惊讶的样子说："李大人怎么这么糊涂？唐代李延寿所著《北史》中可说得明白呀：卿本佳人，奈何做贼？"李君一听，勃然大怒，却又无可奈何，只得拂袖而去。

　　郑板桥断案的这些故事在坊间流传甚广，有的故事已经不再是判词上所展示的那样，很多都加入了幽默诙谐、风趣戏谑的成分，但可以肯定的是郑板桥的名声家喻户晓，他留给后人的印象也逐渐理想化。总之，郑板桥所强调的以和为贵，与人为善，以及主张仁和之政的思想在他断案中都得以体现。正是利用自己的才能和智慧，郑板桥打击了邪恶势力，保障了民众利益，因而受到了广大人民的称颂和拥戴。

第五节　为官不易

1. 颠沛宦途的诗人

从小板桥便有"其人如碧梧翠竹，其志在流水高山"的理想。早年的教书经历和卖画生活令他失望，这与他要经世济民的志向偏差很大，所以他才数十年苦读不辍，唯求能走上仕途，实现自我价值。

"金紫人间事，缥缃我辈需。闲吟聊免俗，极贱到为儒。妙墨疑悬漏，雄才欲唾珠。时时盼霄汉，待尔入云衢。"当年教书时他就这样嘱咐自己的学生，一定要学有所成，在政治上有所作为。在山东当县令的 12 年，板桥实现了自己的政治抱负，可是当时的政局和残酷的现实令他感到绝望，于是这一时期也充满了他对人生的探索和深思。

郑板桥在范县为官时，不仅工作比较清闲，生活也是相当恬淡静谧。"槐影鸦声昼漏稀，了除案牍吏人归"，从中可以看出那些在范县生活的片段，构架了板桥内心的田园世界。前文说到，他为允禧的诗集所做的《跋》也是在范县县令之任上。所以，他除了闲来无事吟诗作画，对帮助过自己的允禧也是满怀感激之情。如果不是这位慎郡王的帮忙，恐怕自己还在扬州怨天尤人呢。板桥善于用双眼打量这世界丑陋的阴暗面，并能竭尽全力地喊出振聋发聩的声音。他能通过对《孤儿行》、《后孤儿行》，以及《姑恶》这些作品中底层被压迫人民的悲惨遭遇的描写，来敲打世人麻木的神经。板桥一向看不起"裁云缕月，标花宠草"的无关民瘼之作，他认为只有继承《诗经》中《七月》与《东山》

一类作品的传统，才是为文之道。

潍县在任期间，郑板桥写出了《逃荒行》、《还家行》这样比之前作品更加深层次地揭露封建社会黑暗现实的经典。"古人以文章经世，吾辈所为，风月花酒而已。逐光景，慕颜色，嗟困穷，伤老大，虽刳形去皮，搜精抉髓，不过一骚坛词客尔，何与于社稷民生之计，三百篇之旨哉！"

郑板桥在自己诗集的后序中这样评价自己之前的诗作。郑板桥在山东的作品多来自于生活，反映现实，感情真挚，爱憎分明，发人深省。这些作品写大荒之年百姓逃荒之苦，令人不忍卒读，撕心裂肺。郑板桥不是那种以口头吟唱些关心人民疾苦的诗词来装点门面的伪善之官，他与百姓同舟共济，深入底层人民的生活之中，才用自己饱蘸血泪的笔书写出了最真实感人的诗篇。

《潍县竹枝词》等不少篇章，都控诉了封建统治者以及恶霸豪绅荒诞无耻、骄奢淫靡、为非作歹的罪恶行径。他们的腐臭生活与劳动人民的惨痛遭遇形成了鲜明对比。"斗鸡斗狗自年年，只爱风流不爱钱；汝曹躯命原拼得，父母妻儿惨泣号。东家贫儿西家仆，西家歌舞东寨哭；骨肉分离只一墙，听他答骂由他辱……"这是郑板桥所写四十首《潍县竹枝词》中一部分反映社会不公的篇章。

在鲁为官12年，郑板桥声名日隆，人们多以得其片纸只字珍藏为荣。正是众人的悉心保存，才有之前提到的板桥判词的留存。也就是这一时期板桥书法风格趋于稳定，"六分半书"逐渐形成，"板桥体"自成气候。

由于郑板桥历经数十年的科举应试之路，书法方面他已经对有着"乌、方、光"要求的应试馆阁体书法熟稔于心。这种馆阁体单调呆板，无法体现书法艺术"达其性情，形其哀乐"的审美功能。

四十岁的郑板桥高中举人后，称得上"薄有名"，就书法而言，真正有板桥自己清晰面目的书法这时才初具雏形，可以在书法方面尽情表现自我个性。

就各种书体艺术的相互渗透而言，郑板桥成功地处理了"熔铸"与"创新"的关系。他将自己的书体建立在传统范式的基础上，又能巧妙熔真、草、隶、篆为一炉。他和"扬州八怪"的其他一些画家，是最早开创学碑风气的。

他在《署中示舍弟墨》诗中说："字学汉魏，崔、蔡、钟繇；古碑断碣，刻意搜求"。可见他是从汉魏碑碣入手的，尤其是对崔瑗、蔡邕、钟繇的书法进行了刻苦学习和研究。板桥自述云："板桥既无涪翁之劲拔，又鄙松雪之滑熟，徒矜奇异，创为真隶相参之法，而杂以行草。"这种"真隶相参之法"，即以分隶参入行楷之中，同时又书以行草笔势。郑板桥"真隶相参"的六分半书，成熟于五十岁以后。他五十岁时临《兰亭序》，杂以种种"笔"和"体"、"书以己意"，并称之为"破格书"，"时称板桥体"，即"自号六分半书"。最突出的特点是各种艺术技法相渗透的通融性。主要表现在两方面：一是各种书体的相互渗透；二是书、诗、画艺术的相互渗透。板桥自称其"六分半书"是震雷惊电之字，这就可以解释《兰亭序》中"破格书"的内涵所在，即艺术的生命力来自于"破格"。破王羲之之格，破唐宋诸家之格，破董其昌、赵孟頫之格，破一切书坛大家之格，做到真正的"怒不同人"。

板桥的如《道情十首》、《修城记》、《诗十五首》、《难得糊涂》、《论书法》等书幅，都是他"六分半书"中不可多得的珍品。这些作品骤然看去，字迹大大小小，歪歪倒倒，疏疏密密，很不规矩，但细观起来，就会发现它是浑然一片玲珑，犹如银河溅天，珠湖泻地，气势俱贯，妙趣横生。

就章法而言，由于"板桥体"多是题画书法，章法错落有致，时出天趣，一行之中，常以纵横、斜正、大小、粗细的方法取得行款上的变化。至于诗与书画的相融，这是板桥书风的一大特点。他的题画诗，借自然之美比喻人，托自然之物以讽人，表现了深刻的社会内容。

从"衙斋卧听萧兼竹，疑是民间疾苦声。些小吾曹州县吏，一枝一叶总关情"，"千磨万击还坚劲，任尔东西南北风"中，我们可以感受到他高洁人格与桀骜不驯之气，一扫明清以来玩弄笔墨技巧，对陈腐诗句强作图解的师古之风，充分显示了"神理俱足"的革新精神。他对当时流行的董其昌、赵孟頫的书风并不认同，这与康、乾二帝的艺术趣味大相径庭。

郑板桥在潍县留下颇为世人所知的两块匾额，即"难得糊涂"与"吃亏是福"。"难得糊涂"四字写得妙趣横生，韵味无穷，有"乱石铺街、杂乱有章"之誉。据说，"难得糊涂"四字还有一段有趣的来历。

当时莱州在潍县西北，背临大海，城的东南有云峰山，山多碑刻。有一年，郑板桥到山东莱州云峰山观看郑公碑，晚间借宿于山下一老者家，老者自称是荒村野叟糊涂之人，郑观其言谈举止高雅不凡，与他交谈得十分投契。老人家中有一块特大砚台，石质细腻、镂刻精美，郑板桥看了大为赞赏，老儒请郑板桥留下墨宝，以便请人刻于砚台之上。郑板桥有感于老人自云糊涂必有来历，便题写了"难得糊涂"四字，并盖上自己的名章"康熙秀才，雍正举人，乾隆进士"。

砚台有方桌大小，还有很大一块空余，郑板桥请老人题写一段跋语，老人没有推辞，随手写道："得美石难，得顽石尤难，由美石而转入顽石更难。美于中，顽于外，藏野人之庐，不入富贵之门也。"写罢也盖了一方印章"院试第一，乡试第二，殿试第三。"

郑板桥大惊，这才知道老人是一位隐退官员。细谈之外，方知原委。他见砚台还有空处，又提笔补写了一段文字："聪明难，糊涂尤难，由聪明转入糊涂更难。放一著，退一步，当下安心，非图后来福报也。"老人见了，大笑不止。

这段文字与郑板桥的"难得糊涂"被老人做成条幅流传开来，人们感慨其中蕴含的哲理，将它视为人生境界之追求，"难得糊涂"也就越传越广了。如何看待这几行"小注"？"小注"前一句说：要做到一般的聪明难得，能做到大智自然更是难得，而由一般的聪明达到大智就是难上加难。后一句是说，真正的大智，是在于洞明事理，即"当下安心"，而不是为了以后妄图得到什么好处，也不是恐生荆棘。

清代钱泳在《履园丛话》中有这样一段记载：郑板桥尝书四字于座右，曰："难得糊涂"，此极聪明人语也。余谓糊涂人难得聪明，聪明人又难得糊涂，须要于聪明之中带一点糊涂，方为处世守身之道。若一味聪明，便生荆棘，必招怨尤，反不如糊涂之为妙用也。

郑板桥这里所说的"糊涂"并非社会上通行的昏庸之意，不是逻辑概念上的不明智，因为求得昏庸，有什么"难"的呢？又何用"转入"呢？自作聪明，小聪明，聪明过头，都是愚蠢的，是众人力图趋避的。简单概括，"难得糊涂"即"难以达到的大智境界"。

郑板桥在山东的画幅也很多，虽然散失严重，但是目前保留下来的数量还是比较可观的。就现存的竹、兰、石等画幅来看，水平都很高，充分体现了郑板桥独特的绘画艺术风格。他的绘画艺术在山东，特别是在潍坊一带影响很深。

早在乾隆七年（公元 1742 年），即板桥进入官场的第一年，他以兰花喻人，为一位振凡先生画兰。他说："知君本是素心人，画得幽兰为写真。他日江南投老去，竹篱茅舍是芳邻。"想必这位振凡先生是江南人，与板桥之家相距不远，且也是在山东谋生，从画作和言辞可知，此时的郑板桥还未将素心之花与自己联系起来。但是到了耳顺之年，则经常借兰寄情，写兰花之质，寄明月香草之思。在离开潍县时，他画兰花并题有："素心花赠素心人，二月风光是好春。"他已经领略了官场道路的崎岖，自比兰花倾吐自我内心的感受。

郑板桥在潍县作画时常署名"橄榄轩主人"。橄榄，常绿乔木，性喜温暖，生于南方。《本草纲目》卷三十一"橄榄"条："……其味苦涩，久之方回味。王元之作诗，比之忠言逆耳，乱乃思之，故人名为'谏果'。"北宋山东人王禹偁，遇事敢言，喜臧否人物，任左司谏等官，八年三黜。曾作《橄榄》诗云："良久有回味，始觉甘如饴。"郑板桥名其室为"橄榄轩"，说明他主张文艺作品就是要像"谏果"一样，给人以实际的好处，读后有回味。

2. 鲁东交友

郑板桥与许多富豪乡绅有过节，那是众人皆知的事实。但是郑板桥与潍县当地名士郭质亭、郭芸亭甚为友善。郭氏自明代由外地迁潍定居，衍为大族，出了一些著名的官吏、文士，世传南园在当地颇有名气（郭氏曾应板桥号召而捐钱修城，郭氏家族是地方名绅乐善好施、慷慨解囊兴办各种公益事业的支持者)。

郭氏家族的居住宅邸南园,从明代起世代相袭扩建,是当时潍县十多处园林中规模最大、最为古典幽雅的园林。郑板桥公余受郭氏邀请,常游南园品茗赏竹,诗酒联唱,挥毫书画,鉴赏文物,留下美好的诗文。如作《南园画竹赠郭质亭先生》:"我辈为官困煞人,到君园馆长精神。请看一片萧萧竹,画里阶前总绝尘。"

板桥是一个喜欢游山玩水、探幽寻胜的人,对于潍县没有青山,觉得实在是遗憾,所以在他的全集中,有《恼潍县》这一首诗:"行尽青山是潍县,过完潍县又青山,宰官枉负诗情性,不得林峦指顾间。"

郑板桥回扬州后,怀念潍县的旧交,每年总有画幅寄到潍县。其中有一幅墨竹中堂,高约六七尺,上面题着自撰的诗句,也是赠给旧华轩主人的:"七载春风在潍县,爱看修竹郭家园,今日写来还赠郭,令人常忆旧华轩。"又有一次,派专使从扬州送到潍县三种南果,还附着一张大斗方,是送给郭芸亭之母的。诗曰:"江南年事最清幽,卢橘香圆橄榄收,远借一盘遗阿母,可能风景似瓜洲?"

乾隆八年,久旱无雨,乾隆帝循例下诏求直言,开御史试。杭世骏于是贸然上了一篇洋洋洒洒数千字的《时务策》,触及了"满汉畛域"这个最忌讳的问题。乾隆皇帝一见之下,勃然大怒,刑部议处死刑。刑部尚书徐本极力为杭世骏求情,称"是狂生,当其为诸生时,放言高论久矣",并不停叩头,一直把额头都叩肿了。最后,杭世骏免死革职回乡。刚开始得知"罪且不测"的消息时,杭世骏正在参加同僚的宴会,还没等杭世骏从震愕中回过神来,东道主已先一步做出反应,要赶杭世骏出门,免得连累自己。

此后，那些所谓的同僚如同躲避瘟神一样地躲着他，"杭往话别，辄预戒阍者拒之"。唯独郑板桥写信慰问《与杭世骏书》："君由鸿博，地处清华，当如欧阳永叔在翰苑时，一洗文章浮靡积习，慎勿因循苟且，随声附和，以投时好也。数载相知，于朋友有责善之道，勿以冒渎为罪，是所冀于同调者。董浦词兄，燮顿首。"

在别人都唯恐避之不及，怕受到牵连的时候，唯有板桥还站在朋友身后，在朋友最需要的时刻给予支持和帮助。

郑板桥还与李鱓、黄慎，以及金农等人一直保持书信联络，感情不曾递减。郑板桥在山东时，金农很想念他，就画了一幅竹子，说："吾素竹，近颇画此，亦不学而能，恨板桥不见我也。"两人还在书信中以知己相称。金农称郑板桥的字是"一字一笔，兼众妙之长"，称他的画是"颇得萧爽之趣"；郑板桥则称金农"诗文绝俗"。金农称他和郑板桥的友谊是"相亲相洽，若鸥鹭之汀渚也"。

郑板桥在潍县做官时，有一次他听人说金农病逝了，感到万分悲伤，随即自设灵堂，为金农披麻痛哭。后来，金农的朋友因事来到山东，告诉郑板桥金农虽生重病，但已转危为安，并没有去世，郑板桥听后，转悲为喜，并立刻写信向金农问好。金农收到信后也极为感动，写诗报谢，并画自画像一并寄给郑板桥，感谢他对自己的关怀。

郑板桥与普通大众的感情也很深刻，在《潍县志稿》中记载了很多关于郑板桥与底层大众的故事。相传，有一次板桥春节前夕到城北关一带查访。他看到一个角门上贴着一副奇怪的对联，上联是"二三四五"，下联是"六七八九"，郑板桥看完就命令随行给这家人送去些粮食衣物，随行不解，郑板桥解释这门上对联正是"缺衣（一）少食（十）"之意。回到衙门郑板桥还是放心不下这个缺衣少食的家庭，于是将这户主人传上堂来，果不其然这户主人生活极其贫困。他是一个穷书生，父母早逝，无依无靠，读书多年却连秀才也没考中。手无缚鸡之力的书生自然也干不了庄稼活儿，眼见得可以变卖的家产越来越少，却无计可施。郑板桥同情这个书生，感觉他勤奋好学，但是资质一般。于是解囊相助，给了他 20 两银子，并且劝他学圃。书生谢过县令大人，专心学习苗圃技艺，后来竟然过上了丰衣足食的生活。

还有一次，郑板桥深夜到东关查询，听到一所茅屋内传来琅琅读书声。郑板桥好奇，问旁人，回答说是贫苦孤儿韩梦周在读书。此后，郑板桥经常拿出自己的一部分俸禄用来资助韩梦周读书，并且常常亲自指导他学习。梦舟心底感激郑县令，从此读书愈加刻苦，于乾隆二十二年（公元 1757 年）顺利考中进士，后被委任到安徽安县当县令。他和郑板桥一样，也是为官清廉，克己奉公，结果因为得罪了上层官吏被罢官。韩梦周回到潍县后，在符山讲学，写下了很多著作，成为清代的知名学者。

另有一个书生，叫韩镐，此人自幼聪慧，有奇气，但怀才不遇，参加乡举屡挫。郑板桥却很赏识他，两人常谈文论道，一次郑板桥题写了"删繁就简三秋树，领异标新二月花"赠韩镐，表现出郑板桥提倡著文应突出主题、"自树其帜"的风格。在郑板桥的影响下，韩镐的文才一发而不可收。乾隆四十八年（公元 1783 年）中举，成为当地一位名士。

郑板桥在潍县时，他的故交好友白云寺住持一村和尚在白云寺建寺百年之际，请他题字。郑板桥推辞不得，拿起笔正要写字时，猛然看到一村和尚书写的唐代大诗人崔颢的传世之作——

《黄鹤楼》。只见横幅上的字，字体苍劲雄浑，凝重奔放，是一幅不可多得的精品，郑板桥一转身，走到大香炉前抓起一撮香灰撒在桌子上写起字来。转眼间，香灰在桌面上被画出"青赤白黑"四个草书大字。众人不解为何郑板桥要写这四个字，五色不应该是"青赤白黄黑"吗？怪就怪在这"白"字与"黑"字之间留下了一个"黄"字的空隙，并无"黄"字。一村和尚当即明白了郑板桥的意思。

原来，当年崔颢题了"黄鹤楼"后，诗仙李白也上黄鹤楼游玩，李白也欲题诗，但是不得不叹服崔颢诗作的高明。他很自知，心想自己是无论如何也超不过崔颢的这首诗了，于是便留下了"眼前有景道不得，崔颢题诗在上头"的字句，这就是"白不题黄"的典故。而郑板桥用香灰写字，又故意不写"黄"字，就是借"白不题黄"这一典故，说明自己写的字是没有必要留下来的。郑板桥虚怀若谷的态度令众人十分佩服。

民间还总是说起郑板桥与一个木匠的故事。木匠姓谭，是人们喜欢谈论的一个人物，他的社会地位虽然不高，但因他是为郑板桥干活的，得以接近板桥。谭氏有慧心，他在郑板桥身边时间长了，就站在旁边看他画画，看多了就抓起笔来舞弄一番。郑板桥觉得他还算聪明，就悉心加以指导，谭木匠进步亦快。郑板桥在山东为官时请他作画的人多，他有点应接不暇，谭氏就作为代笔，有时谭氏画好后，郑板桥便署上自己的名字，别人就很难辨别了。当时谭木匠用的是郑板桥的真印章，后人靠印鉴做参考就失灵了。有趣的是，郑氏生前他作为代笔，可能辛苦了点，但郑氏死后，别人大都辨不出作品真假，从而使其作品销路很好，他的后人也得以进入小康生活。

3. 归隐之意，去官离鲁

郑板桥把儒家"仁"发展为"惠民、民本、平等、爱人"等思想。《孟子·尽心上》："古之人，得志泽加于民，不得志修身见于世。"熟读四书的郑板桥，自幼牢记在心，他在《范县署中寄舍弟墨第四书》中从正反两面发挥了孟子"泽加于民"的思想。

郑板桥希望所有的为政者都能关注民生，从而使天下百姓获得幸福。为官 12 载，以民为本、爱惜民力，课育生民。其重民精神深为世人所叹服。郑板桥十分关心民瘼，他深感森严的等级制度，使得民间下情不能上达，民与官之间产生了梗阻和裂痕。

逐渐地，郑板桥对腐败的政治也渐渐失去信心，十多年前在拜别允禧，意气风发将要走马上任时的诗句："我朝开国于今烈，文武成康四圣人。"诗中对当局统治者歌功颂德。哪怕是在潍县旱灾时期，朝廷派大臣高斌前来救灾，郑板桥依然还在歌唱："相公捧诏视东方，百万陈因下太仓。""愚民攀拽无他嘱，为报君王有瑞禾。"诗中也是感念天子圣明，惠政感天。

然而潍县艰难的赈灾经历让他深感统治阶级早已脱离了群众："太平天子浑无视，笑看杨妃睡态浓。""县门一尺情犹隔，况是君门隔紫宸。"在君权神圣、文网严密的时代，他还是无所畏惧，偏要与整个王朝的官僚体系站在对立面，而和他站在一起的是千千万万受苦受难、饱受压迫的黎民百姓。

可现实告诉他，整个官僚体系的腐朽绝不是郑板桥以一己之力就能有所改变的，"天下有道则见，无道则隐。邦有道，贫且贱焉，耻也；邦无道，富且贵焉，耻也"。所以郑板桥的出世热情一点点冷却，也不再考虑自己能不能高升，不再热衷于官场名利的你争我夺，在思想上已经开始嫌弃这个裹挟了自己的官场。

潍县救灾的波折让他看清了所谓英明贤主的"惠政"常常是口惠而实不至的。君虽圣，但情总隔，政虽惠，但民难得。对君王雷霆之命，对百姓救命之赈，尚且如此对待，官吏胆量之大、腐败之深可见一斑。像郑板桥这般良吏只有"所以遇烦剧，束手徒周章"，眼睁睁看着百姓受苦受难，而无力挽狂澜之力。一个对政治不再拥有渴望之情的人，自然不会再在仕途上有所希冀或者争取什么。

他在家信中写道："人皆以做官为乐，我反以做官为苦"；"我直视靴帽如栓梏，奈何奈何"。最后终于决定"告病乞休"，摘掉乌纱帽，告老归里。回顾板桥之前对功名的追逐和对获得功名的渴望，可以推测此时的郑板桥心境是多么寂寥。

理想与现实的落差不仅存在于郑板桥对仕途的认知，也存在于自己的内心世界。范县民风淳朴，百姓一团和气，相互包容，打官司的人很少，衙门清静；至潍县，"两行官树一条堤，东自登莱达济西。若论五都兼百货，自然潍县甲青齐。"虽然是自然灾害不断，但处理完灾情社会还是比较稳定的。在郑板桥看来，修城救灾一定程度上实现了自己的抱负，可还是时常感觉没有自己的用武之地："街头攫得百钱文，烂肉烧肠浊酒醺。到得来朝无理料，又寻瞎账闹纷纷。"他还在《寄慎郡王》一诗中抱怨过："六年山左，老作风尘俗吏。总折腰为米，竟何曾小补民生国计。"

郑板桥认为他这多年的县令虽然谨慎勤勉，但是并不能为国计民生做什么实事。此处的声声慨叹多少包含着埋怨和牢骚，笔者认为，如果说郑板桥的为国为民之心，在范县的顺利环境下还难以有不平凡的表现，那么他在潍县任上则遇到了些许风浪，经受了严峻考验，也显出了高风亮节。

他在乾隆十三年（公元 1748 年），即调任潍县的第三年所作《自咏》诗中说："潍县三年范五年，山东老吏我居先。一阶未进真藏拙，只字无求幸免嫌。"尽管百姓山呼"爱民如子"、"为民请命"、"青天大老爷"，却一阶未进，这时候郑板桥为请赈曾被记大过，心境是很不痛快的。

据郑板桥家书所述，山东官吏考绩，郑板桥获第一名。御史中丞还曾保他升知府，"在任候用"。再加上朝中慎郡王与郑板桥私交甚好是众人皆知的事情，因为安排抗灾有功，视察潍县灾情的钦差大臣兼吏部尚书高斌对郑板桥刮目相看，但是郑板桥还是在官场失落之余，选择了罢官回家。仕途上的困窘与郑板桥耿直的个性不无关系。

潍县灾情过后，大员们在省城大会众官，会宴于趵突泉。到了乾隆十六年（公元 1751 年），板桥便大叹"十年盖破黄绸被，尽历遍，官滋味。"（《宦况》）对官衙生活开始厌恶了。他到南园看竹，便叹"我被微官困煞人"，接着又有《思归》、《思家》之作。"将白头供作折腰人"，大概是大吏对他有若干不礼貌之处，官场的庸俗使他觉得"官舍冷无烟"，便想到"江南薄有田，买青山不用青钱"。想回到扬州，回到江村。

但是郑板桥有印章"俗吏"一枚。他在范县所作《小游》一诗说："……袖中力士百斤椎，椎开俗吏双锁眉。俗吏之俗亦可怜，为君贷取百千钱……"

朋友来山东探望板桥，就好似百斤之椎，一下子椎开了他的"双锁眉"，在"寥寥古淡心"的布衣朋友面前，他再三称自己是个"俗吏"，这是个看似戏谑的自称反映了郑板桥内心的倦意和对自己如今竟从俗至此的自嘲。

他太想念江村的旖旎风光了，雨后初晴的时候醉卧小楼之上，吟诗作画，看远处田间隐约有牧童黄牛，随手便题诗于案，这样诗意栖居的画面才是郑板桥所希冀的。但是一旦为官，对百姓是"衙子催人作傀儡"，对上司又是"将白头供作折腰人"，两副面孔，两种姿态，这便是郑板桥所认为的"俗"。这种"俗"，是官场的应酬世故，也是郑板桥内心耻于言说的无奈。李鱓在京在鲁，乌纱旋戴即摘，就是因为他在从俗方面不如郑板桥。郑板桥略胜一筹，所以他做了12年县令。

值得一提的是，郑板桥在潍县任县令期间，离职调任两次。第一次是调济南参加乡试事务。乾隆十二年（公元1747年），岁届丁卯，是乡试之期。这一年秋天，侍讲学士满人德保受皇命主持山东乡试。按清制，乡试要选派18名"同考官"分房评阅试卷。这18人中，可以是京官，也可以是非本省籍的地方官，俗称"十八房"。这一年山东乡试也选中了郑板桥，抽调他在济南试院阅卷一段时间。

第二次是，乾隆十三年（公元1748年）二月，乾隆帝出巡山东，郑板桥随行泰山，为书画史。他镌有一印"乾隆东封书画史"，来铭记自己的这份殊荣。那一年山东大饥，饥民被逼上梁山，铤而走险，威胁到了地方社会的秩序，虽然遭到统治者的残酷镇压，但是乾隆深感忧虑。于是一方面派大员赈灾，一方面亲自前往泰山登封告祭，祈求皇天后土降福人间，以安民心。

乾隆曾十一次朝拜泰山，六次登岱顶。泰山封禅，不是每个皇帝都能做到的，既要朝廷安定，能够离都，还要身体强健，能够登上泰山之巅的东岳庙祭天，还能够登上梁父山祭地。斯时乾隆正当壮年，精力充沛，经常游历四方，于是便有了"东巡"之举。

为了迎圣，山东官员自然忙得不亦乐乎。郑板桥也分得一项差事，即当圣驾游历泰山时，要遍览书画文物，命他随侍以备咨询，叫书画史。这是一项临时设立的官职，自然是经朝廷加封的。虽然皇帝来泰山不过走马看花，而要建行宫、修御道、油漆庙宇、整理文物就花了两三个月的时间。为了这件差事，郑板桥卧泰山绝顶40余日，对于板桥来说，平生"酷嗜山水"，在山中流连多日，为迎圣作准备，真是得其所哉。

这两次调离为他的县令生涯平添了几分色彩。如果是一个懂得见风使舵，善于钻营取巧的人，一定会抓住这些与高层一起共事的机会，为自己的前途开展活动。但当时五十五岁的郑板桥倦极思归之情已经难以遏制了，兢兢业业在县令一职上干了十数年的板桥充满了无奈，如今眺望一下自己此后的晚年生活，经历的这些坎坷与磨难就好似天边的云彩一般，漫无踪迹，对板桥来说，此时只有长叹一声"功名于我如浮云"。

由于为官时总是得罪富人，而被郑板桥打压过的土豪劣绅又都颇具背景，千方百计找借口控告郑板桥。正好郑板桥处罚了某个富人，在收取罚金的手续上有些漏洞，于是有人借此攻讦郑板桥，将其告上吏部，理由是滥用职权，贪污罚金，坑害乡绅。吏部大员也不怎么去关切一个小小县令的功过得失，根本懒得调查取证，所以仅仅是看材料办事，以省府意见为要。从郑板桥所做诗篇来看，他对潍县救灾确实受到了多方谴责。

就这样，一个耿直的山东老吏，在官场上被排挤，在民间被误会，深受流言蜚语困扰的郑板桥感觉到了人言可畏。他于忍无可忍的情况下，将所有真相在长诗《思归行》中一并抖出："山东遇荒岁，牛马先受殃；人食十之三，畜食何可量。杀畜食其肉，畜尽人亦亡。帝心轸念之，布德回穹苍。东转辽海粟，西截湘汉粮；云帆下天津，艨艟谒太仓。金钱数百万，便宜为赈方。何以未赈前，不能为周防？何以既赈后，不能使乐康？何以方赈时，冒滥兼遗忘？臣也实不材，吾君非不良。臣幼读书史，散漫无主张：如收败贯钱，如撑断港航；所以遇烦剧，束手徒周章。臣家江淮间，虾螺鱼藕乡；破书犹在架，破毡犹在床。待罪已十年，素餐何久长。秋云雁为伴，春雨鹤谋梁；去去好藏拙，满湖莼菜香。"

诗中将放赈中某些营私舞弊和草率了事内幕揭露出来。在山东期间，板桥除了将允禧的诗集写刻完成，同时也将自己的诗作进行编纂。这样就有了他的诗歌作品集《诗钞》。这首长诗也收入其中，并在潍县刻印流传。这首诗的最后几句说明自己长期被诬陷，一直得不到理解。直到十年以后，板桥对此事还是念念不忘："宦海归来两袖空，逢人卖竹画清风。还愁口说无凭据，暗里赃私遍鲁东。"

乾隆十七年（公元1752年）年底，吏部来文，免去郑板桥知县职务，理由就是郑板桥贪污罚金款项。紧接着浙江进士新任潍县知县韩光德就来接任了，郑板桥交接了印信，暂居友人家中。最后与新知县韩光德拱手道别，连人带家当只用了三头毛驴，一头坐骑，两侧坠简单行李；一头驮书，收拾了两夹板；最后一头由小书童乘坐，在前带路。在"三年清知府，十万雪花银"的腐朽年代，郑板桥为官12载，三头毛驴就将他连人带家当一齐驮走了。郑板桥离潍之前，"无留牍，无冤民"。（《扬州府志》）而且先后在两个县12年，出现了好多次狱中没有关押犯人的"大治"。

离开当日，郑板桥忽然想起自己曾经用捐银放赈的字据还在署中，便关照下去，将那些借券全部烧掉了。这也就无怪乎百姓夹道送行，哭号挽留，跟着郑板桥一直送出数十里远了。家家画像纪念郑板桥，以此感怀郑板桥的德行。

在此地为政多年的板桥已经对这片土地怀有深厚的感情，在他七十一岁时，还专门写了《怀潍县二首》赠潍县绅民："相思不尽又相思，潍水春光处处迟。隔岸桃花三十里，鸳鸯庙接柳郎祠。""纸花如雪满天飞，娇女秋千打四围。五色罗裙风摆动，好将蝴蝶斗春归。"

第六节　宦海归来的晚年生活

1．一官归去来

郑板桥是在年底卸任的，由于好友郭伟业的挽留，便在郭家小园过了年。一开春，他便告别潍县百姓，南下扬州了。郑板桥的三头小毛驴驮着自己的所有家当，还有一个"莫须有"的罪名回乡。勤勤恳恳为官，最后竟是如此下场，郑板桥可气可叹却又无可奈何。

郑板桥以一首"乌纱掷去不为官，囊橐萧萧两袖寒。写取一枝清瘦竹，秋风江上作渔竿"的题诗告别了百姓乡里，这首题诗当然还是配在一幅墨竹图上。失落的板桥那时身患多病，健康状况大不如前，"足部湿气"、"疝气时发"、"通宵失眠"、"左耳失聪"等……

乾隆十八年（公元 1753 年），郑板桥回到兴化。虽说不算是衣锦还乡，但是此时的郑板桥在扬州也算得上非常有影响力的人物了。郑板桥曾在家书中描绘了晚年回扬州之后的住所，无奈他为官清廉，还乐善好施，赈济灾荒又烧毁借券，最后回到扬州几乎沦落到难以过活的地步。而家人乡里都误以为他此时是贵人，是积攒了大把钱财的大名人，都盼着他回去改善乡里亲友的生活呢。

　　郑板桥的苦衷难以言说，又怕亲友失望，反倒给家人徒增负担。这时，老师陆种园早已经过世了，旧友马曰琯、沈凡民等人也相继去世，同乡只有老同学顾万峰健在。在家中没待几日便向人打听好友李鱓家在何处，要去探望。当得知李鱓的住处后，匆忙上船，乘扁舟一叶，春风水上，半日光景到达后，就此在李鱓家中落脚了。李鱓将老友接回家中，长吁短叹道不尽人生冷暖。

　　郑板桥与李鱓同是兴化人，又都在山东做过官，此时又都是扬州知名的书画家，虽然李鱓比郑板桥年长许多，但是郑板桥在青年时就被当时已经成名的李鱓赞扬过，所以两人算是半生至交。李鱓热情地为同乡小老弟斟满家乡米酒，烹调鲫鱼，使郑板桥十分感动，便慨叹连连，不由自主联想到自己曾经的为官生涯。在旁的李鱓唯有为他添酒加饭，倾听他的一通诉苦，以平和之心安慰好友，难免产生一番惺惺相惜之情。

　　李鱓将郑板桥安置在自己的花园别墅"浮沤馆"。"浮沤"是水上泡沫的意思，来自苏轼的诗"羡师游戏浮沤间，笑我荣枯弹指内"。"浮沤馆"这所花园别墅，景色宜人，曾为兴化著名园林。李鱓家世不错，虽然后来千金散尽，但在扬州还算是有一点祖产的。郑板桥自从知范县以来，虽时时想置一点田产，盖几间茅屋，作为晚年娱老之所，但这时也还没有做到。当时设想有一天，厌倦了仕宦生涯，就向李复堂先借几间屋住住，重演一次秋风后的张翰了。没想到这一天来得如此仓促而真实。

　　李鱓将浮沤馆东边的几间让给郑板桥居住，让郑板桥围了一处小园，内栽兰竹，以便郑板桥回兴化时作诗画之所。李鱓将他当作家人一样。郑板桥也不客气地在宅院的匾额上题写"聊借一枝栖"，并将这座园子叫作"拥绿园"。

　　郑板桥在故乡兴化的日子里，除了与挚友同吃同睡谈天论地，也一同外出，欣赏兴化的好风光。"草绿如秧，秧青似草，棋盘画出春田。雨浓桑重，鸠妇唤晴烟。江上斜桥古岸，挂酒旗林外翩翩。山城远，斜阳鼓角，雉堞暮云边。老夫三十载，燕南赵北，涨海蛮天。喜归来故旧，情话依然。提起髫龄嬉戏，有鸥盟未冷前言。欣重见，携男抱幼，姻娅好相联。"郑板桥三十岁以后游历祖国的大江南北，如今倦鸟归林，眼前风光又似儿时那般重现。熟悉的泥土芳香，沁透郑板桥的身体，每一根神经都无比松弛。兴化最令人着迷的油菜花金黄一片，那是板桥多少次留恋的风景，如今都触手可及……三十岁时出游，30 年后重返故里，他不再希望重走那些外省异域的风景名胜，只想和三五老友重走那些凝固过彼此青春回忆的地方。于是他去了真州，去了扬州。

　　郑板桥随经常去扬州卖画的李鱓重返扬州，受到了众多文人的夹道欢迎。他和李鱓在扬州城北竹西寺住下，诗朋画友纷至沓来。

　　其中有一个叫李啸村的秀才，要送给郑板桥一副对联，先示上联："三绝诗书画。"但并没有急着出示下联，板桥便按着估计，猜下联说："'一官归去来'最妙。"揭开来看，果然是这样的下联，一字不差。这副对联的上联引用的是唐代郑虔的故事，现在移用于郑板桥，也是非常切合的。郑板桥的下联语出陶渊明的《归去来兮辞》。这幅绝对是郑板桥一生最传神最凝练的写照。

　　郑板桥很受感动，一时兴起，当场又展纸挥毫画竹题诗《初返扬州画竹第一幅》："二十年前旧酒瓶，春风倚醉竹西亭。而今再种扬州竹，依旧淮南一片青。"该幅画上有几竿大竹，数棵新笋，印章是"燮之印"和"二十年前旧板桥"。这个"二十年前旧板桥"，是引用唐代刘禹锡《杨柳枝词》——"清江一曲柳千条，二十年前旧板桥，曾与美人桥上别，恨无消息到今朝"——中的一句。

郑板桥有感于自己如今身价倍增，受到众星拱月般的礼遇，往日那些并不看好自己的盐商巨贾都来向自己献媚求画，这使他不由得想起当年在扬州三度邗江卖画，却无人赏识，穷愁落拓，不得不向山僧乞食的情形。那时是"十载扬州作画师，长将赭墨代胭脂，写来竹柏无颜色，卖与东风不合时"。

郑板桥更体会到世情的冷暖，愤激之余，书画益自珍重。如今的扬州人，无论是欣赏郑板桥的诗画才华，还是推崇他为县令又罢官回乡的传奇经历，抑或是为其独特的人格魅力所折服，都已经不约而同地将郑板桥的书画作品推向了一个至高点，每天来登门求画之人络绎不绝。

但是，民间传说板桥罢官回扬州后的第一幅画却是一幅桃子。说郑板桥到扬州时，天色已晚，便寄宿于荒村旅店。店中无饭，却有鲜桃，郑板桥便以桃代饭。食毕，板桥将桃汁揩在蚊帐上。店主人次日发现蚊帐被污，十分恼怒，但客人已走，便卸了帐子，追到城内之竹西亭。亭内有若干画商，一见帐子，便说这不是郑板桥画的桃子吗？店主人再看看被污的地方，果然是一幅好画。于是画商争购，店主人因此发了一笔小财。郑板桥此后常常和文人骚客或是方外之人饮酒赋诗，醉后则恣情描绘修竹丛兰瘦石于酒廊僧壁之间，并随手留题。一时豪贵，竞相夸示，都叹称不已。于是乞求书画者往来于门，但这时尺笺寸幅，也不容易得了。

郑板桥后来到了杭州，住在西湖东南屏山净慈寺，这里不仅有郁郁葱葱的竹海，还有著名的南屏晚钟，每到黄昏重达一百多公斤的铜钟就荡漾着洪亮悠扬的钟声。这次游杭，不比入仕前的那一次，出面接待的是杭州太守吴作哲，他是早闻郑板桥之名的。太守得知郑板桥来游，大喜，摆酒相迎，又是陪他游西湖，又是送他绸缎、白银。杭州名士和其他官僚也纷纷赠金请酒，求其书画。郑板桥因惦念着家中老小，就把这些钱托人捎回家中，以济日用。

郑板桥为太守所作题画中有这样一则："今日醉，明日饱，说我情形颇颠倒。那知腹中皆画稿。画他一幅与太守，太守慌了锣来了。四旁观者多惊奇，又说画卷画得好。请问世人此中情，一言反复知多少？吁嗟乎，一日反复知多少？"题句未署年月，可能便是在杭州时所作。

当时乌程县令孙扩图在杭州，他知道顶头上司湖州知府李堂雅爱板桥书画，便以旧日在山东曾与郑板桥相熟为托词，邀请板桥到湖州盘桓。孙扩图当日在山东掖县（现已撤销）任教谕，在乡试期间，与郑板桥有过不愉快，同僚们都知道。太守吴作哲尽力调解使他们冰释前嫌。而李堂已久闻板桥之名，恰巧这时因公来杭，便玩笑着要从吴作哲手中夺走其板桥画作，有些巧取豪夺的意思。

吴作哲见状便说："你要板桥字画并不难，眼下这人就在杭州，住在南屏净慈寺。你若去拜访，我可以牵线搭桥。"于是吴、李、孙三人一同前往净慈寺拜访板桥。李堂事先准备了酒菜，四人泛舟西湖，开怀畅饮。酒酣之时，李堂竟然放声唱起板桥的《道情十首》。

板桥很惊讶，李大人解释道："我十年前就从临清王知州那里听到了您的大作，爱慕至今，想不到今天有幸与先生相见，真是三生有幸啊。"板桥很受感动，也十分高兴。于是在三人的邀请之下，又一同游览了湖州的一些名胜。乘兴又到了绍兴稽山门外，晋谒了大禹陵和禹王庙。途中还去了兰亭故址，此去郑板桥得以将书圣的真迹仔细观摩一番；而山阴道上的绝佳风景给板桥留下很深的印象，还有令板桥一生俯首的徐渭，这次旅途中板桥有幸参观了徐渭故居"青藤书屋"……

这些经历他都在给郑墨的信中一一述及，言语间尽是春风得意的兴致和喜不自胜的心情。

这一路上的畅快舒坦简直可以将 12 载沉浮宦海所积压的胸中块垒一清而空，郑板桥自言："平生快举。"沿途的风光打动了郑板桥，吴作哲、李堂二人的热情也令郑板桥心满意足，而且两位在职大吏的拜访和推崇，这种欣赏与需要的感觉可以产生巨大的力量，不仅可以愈合郑板桥内心的失落，而且郑板桥从他们那里得到了一些资助。

2. 荟萃文苑，风雅佳话

郑板桥罢官初返扬州的那一年，也是卢见曾重任两淮盐运都转的那年，自此，卢见曾又连任九年。东山再起的卢见曾迎接罢官归来的郑板桥赠诗曰："一代清华盛事饶，冶春高宴咨方镳，风流暂显烟花在，又见诗人郑板桥。"两人分别已经 14 载，如今再次聚首，相谈甚欢。

此后，风雅好客的卢见曾多次主持红桥修禊，卢见曾之席便成为联系扬州各种文人雅士的纽带。最为盛大的一次便是，在乾隆二十二年（公元 1757 年），红桥修禊，卢见曾作七律四首，奉和者最后编次得诗卷，内有板桥八首。"两淮盐运署"衙门又像 14 年前一样，成为当时吸引和聚集文艺家们的汇聚中心。"扬州八怪"及诗人袁枚、学者杭世骏、思想家戴震、篆刻家沈凡民等都常常成为盐运署的座上客。郑板桥更有机会与各家高手切磋技艺，诗酒往还。

据说，郑板桥至盐署拜望卢时，守门的刁吏见郑板桥衣着不整，拒不通报。旁人说，这是扬州文士，不可怠慢。长得嘴尖肚大的门卫很不屑地嗤之以鼻，一边捧着紫砂壶喝茶，一边慢慢悠悠地指着茶壶说："什么阿猫阿狗也敢自称文士？今天就让你们这些蹭吃蹭喝的刁民丢丢人，你不是文士吗？就以我手中的茶壶为题，作诗一首，不然就趁早离开。"郑板桥不慌不忙，指着茶壶也慢慢悠悠地说道："嘴尖肚大耳偏高，才免饥寒便自豪。量小不堪容大物，两三寸水起波涛。"既是指壶，又是指人，惹得在场的人哈哈大笑。本想刁难一下郑板桥的门卫被奚落得面红耳赤，无地自容。

郑板桥这一时期从卢见曾处结识的朋友有旧友也有新知。前者即为：马氏兄弟、李葂、周榘等人。后者有：袁枚、戴震以及吴敬梓等。李葂便是板桥初回扬州时献对联"三绝诗书画，一官归去来"的李啸村秀才，啸村是他的字。

据说，曾经有一大户人家请郑板桥画竹。这户人家大门前便是粉壁，主人铺纸，板桥说，就在粉壁上作画吧。说毕便将大盆墨洒向照壁，墨迹在壁上扬扬洒洒。主人摇头，关照安排休息，说今天就不画了。是夜，风雨大作，大雨把粉壁上的墨迹淋了一番，到了第二天一大早主人阖家惊诧，那照壁上竟是一幅墨水淋漓的竹子。还有几只麻雀，误以为照壁里便是竹林，撞昏在壁下。传说中郑板桥画竹之技，神奇如此。

世人都知道郑板桥的竹子、兰花画得好，却不知他画的梅花也是一绝，为何存世的郑板桥的梅花画作少呢？这里还有个关于他崇高画品的故事。

郑板桥年轻的时候，在苏州住过三年。他在苏州城桃花巷东头开了一家画寓，以卖画为生。在桃花巷的西头，也有一家画寓，画寓的主人名叫吕子敬。吕子敬擅长画梅花，他标榜自己画的梅花是"远看花影动，近闻有花香"。那意思是说，他画得如同真梅花一样。郑板桥自从来到苏州，画些竹子，也画些花羽鳞介和山水，就是不画梅花。这梅花是吕子敬善画的，郑板桥自谓不如，所以藏拙。平时，若有人要郑板桥画幅梅花，郑板桥总是谦虚地笑道："我画的梅花比吕先生差远了。走吧，我领你找吕先生求画去！"郑板桥真的领着买画者，到桃花巷西头找到吕子敬，让他卖张梅花图，得些散碎银子来养家糊口。

吕子敬是个落第秀才，拖着多病的身子，上有爹娘，下有老婆孩子，生活颇为艰难。他画梅遵循写实的手法，画得栩栩如生，每个花瓣都活灵活现。郑板桥总是当着众人高度评价吕子敬的画，赞扬道："吕先生画的梅花，我再学十年八年，也未必能画到这个程度。"

有个回家养老的吏部尚书，精通翰墨，鉴赏力很强，看到郑板桥的书法和画都是极致之品，便出了一个《梅花幽谷独自香》的画题，出 50 两银子的高价，亲自来到郑板桥的画寓，求郑板桥画。郑板桥推辞说："尚书大人呀，说到画梅，还是吕子敬先生画得好。这么说吧，他画的梅花能值五十两银子，我画的充其量值五两银子！"老尚书听了以后，就拿着银子去求吕子敬了。

日子是一天天打着飞脚过去的。郑板桥在苏州住了三年，要迁移到扬州去了。临行时，吕子敬前来为他送行。文人送别，都要作词写诗相赠。画友分别，当然是要以丹青相送了。这次郑板桥赠给吕子敬的，却是一幅梅花。郑板桥展纸挥笔，笔走侧锋，由深入浅，画出了苍苍点点带有飞白的梅花主干。画花朵时，用墨浓淡相宜，有轻有重，花瓣用淡墨直接点出，等水分未干时又在花瓣下端以焦墨渗化。这样画出来的梅花酣畅淋漓，笔法流动，神采飞扬。再看整个画面的结构，只有三四朵梅花画得清晰，余者皆涂涂抹抹，真有"触目横斜千万树，赏心只有三五朵"的意境。

吕子敬看了郑板桥画的梅花，惊得张开的嘴好一阵子没有合上。他愣了半天，才嗫嚅着说："郑兄有如此高超的画梅技艺，何不早早教我？""怕吕兄谦让，再不肯作梅花图，画酬就会少收许多。"郑板桥平静地说。到了这时候，吕子敬才恍然大悟，感激地说："郑兄之所以不画梅花，为的是给小弟留口饭吃。"

郑板桥就是如此体恤他人，尤其是辛勤的劳动者。乾隆二十年（公元1755年），郑板桥打点行囊，带着装有文房四宝的竹篓，由扬州坐船经邵伯湖东行数百里，来到如皋的白蒲古镇。一到这儿就被白蒲的秀丽景色吸引住了：一块块长满芦苇的沼泽地白雾茫茫，芦苇丛中无篷的船儿时隐时现，成群的野鸭在这里栖息。缕缕炊烟从小镇上袅袅升起，还有那淳朴敦厚的风土人情，给郑板桥提供了丰富的构思素材，郑板桥在白蒲游览采风、作画写诗，一住就是数月。

一日，郑板桥信步走进一户竹楼竹篱笆小院，与户主拱手施礼，主人请他进屋坐下来叙家常话。说来也巧，这户人家也姓郑，且按郑氏族谱论起辈分来，郑板桥为叔，户主为侄。郑板桥异乡认本家，乐不可言。

板桥的名声在民间流传很广，户主人连忙道些"蓬荜生辉、柴门有庆"之类的寒暄，希望留板桥吃一顿饭，共叙乡谊，板桥不好推辞。可是户主人的妻子却一脸的为难，原来这户人家只有薄田几亩，日子过得仅能温饱，拿不出大鱼大肉来招待板桥，所以很感到难堪。

郑板桥看出来这位主人难处，便笑着说："今日只愿尝尝这自己院子里种的青菜，自家田里产的稻谷。"满屋子的宾客都欣然而笑。于是，郑家妻子便用白蒲土产，煮了香喷喷黄灿灿的玉米糁子饭，又炒了一盘自家菜园子产的绿油油的青菜。饭香菜鲜，郑板桥吃得连连称好。

饭后洗漱完毕，郑家妻子又用自己家里栽种的茶菊，用瓦壶泡了一壶热腾腾的天水茶，板桥喝罢拍案叫绝："想不到天水菊花茶如此甘醇。"一时兴起，随机拿出背篓中的纸笔，写下两句："粗盐青菜糁子饭，瓦壶天水菊花茶"十四个体貌疏朗、风格劲峭的大字，赠给主家作为纪念，郑家意外得到郑板桥的亲笔手书，如获至宝，精心珍藏。

后来这户人家又请人特地做了副竹屏，把郑板桥亲手书写的14个大字烙刻在竹屏上，以让子孙后代永远仰慕敬佩，无论别人出多么高的价钱，也不曾转手卖出。

马氏兄弟曾买天宁寺后院数楹，修葺而成别斋，署名为"行庵"。这里有千年的老树，寿藤缠绕，有遮天蔽日的感觉，木鱼、钟声、梵呗之声，琅然不绝于耳。所植桂树已经历尽沧桑，每逢开花季节，香气缭绕。这样一个幽静的地方也是马氏兄弟与诸位朋友客人雅会的佳处。但是不久之后，旧友马曰琯、沈凡民即相继去世。这时同游的只有黄慎、李鱓、程绵庄等。

乾隆二十一年（公元1756年）二月三日，六十四岁的郑板桥在这一天特地邀请了黄慎、程绵庄、李御、王文治、于文浚、金兆燕、张宾鹤七个好友各携百钱作"永日欢"，到扬州竹西亭作"一桌之会永日欢"，八个好友各出一百钱，相聚一整天，从早到晚，饮酒、赋诗、作画，是当时文人常用的一种聚会方式。座中的白门程绵庄、七闽黄瘿瓢和兴化郑板桥是三老人；丹徒李御（萝村）、王文治（梦楼）、燕京于文浚（石卿）、全椒金兆燕（棕亭）、杭州张宾鹤（仲谋），是五少年。

这一天郑板桥非常兴奋，挥笔写墨兰八枝，各像一人，后误笔多撇一枝，就笑着说："看今天还有谁来。"午后，果然，济南的朱文震（青雷）就来了，朱在山东潍县时曾向郑板桥讨教过，是郑板桥的学生，这次听说老师在此，便特意来看望老师。郑板桥大喜，忙增加一个座位，八人之会果然应了郑板桥多出的一笔，成了九人会。欣喜之余，遂成《九畹芳兰图》，并题诗其上："天上文星与酒星，一时欢聚竹西亭，何劳芍药绘金带，自是千秋九畹青。"

3. 惊世骇俗，板桥润格

前文提到，郑板桥回扬州后却是两袖清风，积蓄全无。他有几首以"宦海归来"为起句的诗或题词，可见一斑："宦海归来两鬓星，故人怜我未凋零。春风写与平安竹，依旧江南一片青。""宦海归来两鬓星，春风高卧竹西亭。虽然未遂凌云志，依旧江南一片青。""宦海归来两鬓霜，更无心绪问银黄。惟余数年清湘竹，做得渔竿八尺长。""宦海归来两袖空，逢人卖竹画清风。还愁口说无凭据，暗里赃私遍鲁东。"

他依然记得时在杭州落脚，得到吴作哲等官吏的欣赏，相约出游，并被赠予一些钱财。在给郑墨写的家信中所说，这位吴姓官员请酒一次，请游湖一次，送下程一次，送绸缎礼物一次，送银40两。还有位姓郑的官员和他认了族谊，请酒七八次，游湖两次，送银16两。卖画得银，除了花费，板桥着人将30两银子先行带回，关照其中三两留给长女，可见这时的经济状况并不宽裕。

乾隆二十三年（公元 1758 年），郑板桥的小女儿出嫁。他贴不起妆奁，就画了一幅兰竹图轴代替，上题道："官罢囊空两袖寒，聊凭卖画佐朝餐。最惭吴隐奁钱薄，赠尔春风几笔兰。"可以想见他的生活是多么困顿。郑板桥曾有一副对联："饱暖富豪讲雅仄，饥馑画人爱银钱。"但郑板桥不爱钱，不然不至于将自己的俸银送给百姓，也不至于回到扬州一无所有。他的一生就经常被这世俗阿堵之物所困扰："初极贫，后亦稍稍富贵，富贵后亦稍稍贫。"

郑板桥画名大增后，向他求书求画者甚多。据金农《冬心先生题竹题记》中所述，有人知道他好酒，在花天酒地之间，捧了扇子，送来雅笺，请他画几笔，题几句，"板桥不敢不应其索也"。有时书画不中主人意，则重新书画，以至墨渍污了衣服，板桥也在所不惜。

江西的张真人，因为进京朝见皇帝，路过邗江，扬州一时的富商，争着交好张真人，就想求板桥手书楹联相赠。张真人指定要用长丈余阔六尺余的大笺纸写，商人即派专人去见板桥，并请板桥撰句。及请问润笔数目，板桥索金一千两，使者还五百两，板桥欣然挥笔直扫，书"龙虎山中真宰相"上联一张。使者复请书下联，板桥曰："原索一千金，君应五百金，所以只书上联一页。"使者往告商人，复携五百金来请，板桥乃书"麒麟阁上活神仙"下联与之。工妙绝伦，人人赞叹不已。

民间相传有一个富绅索要板桥之画不得，托人多方求情，板桥才点头应允。富绅贪得无厌，目光如豆。竟然送去一匹白绢，嘱咐板桥将绢画完，然后以重金酬谢。板桥笑着答应，客气地收下酬金，并约定时间让富绅来取。取画之后，富绅迫不及待地展开白绢，期待着一卷浓墨重彩的山水长幅。可是他看到的却是这样一卷长幅：左下角有一个小人，举手握着一根游丝，游丝向右边的天空一直延伸，直看到丝线的尽头有一只极小极小的风筝。板桥的这幅画弄得富绅哭笑不得。

迫于无奈，板桥在六十七岁时，不堪俗客之扰，意图免去讨价还价的烦恼，干脆写出一张《板桥润格》创画家公开告白以银易画之先例。因为社会上的一般画匠按价目收钱作画，是稀松平常之事，但是进士出身的文人画家公开张贴润格，乃旷古未有。

这则润格是一张广告，也是一篇坦白、爽直、胸襟大开的妙文。表里不一者看到这种妙文是应当汗颜的："大幅六两，中幅四两，小幅二两，条幅对联一两，扇子斗方五钱。凡送礼物食物，总不如白银为妙；公之所送，未必弟之所好也。送现银则心中喜乐，书画皆佳。礼物既属纠缠，赊欠尤为赖账。年老体倦，亦不能陪诸君子作无益语言也。画竹多于买竹钱，纸高六尺价三千。任渠话旧任交接，只当秋风过耳边。乾隆乙卯年，拙公和尚属书谢客。"

首句，将大幅、中幅、小幅及条幅斗方明码标价，一清二楚；次句，直言厌倦世俗应制、虚伪客套之意，晓畅明白，痛快淋漓；第三句略施小惠，几分诙谐，几分幽默，几分调侃，几分戏谑尽在其中；第四、五两句更进一步表明态度，坦白决绝；附后的小诗又为润格的出台缘由作了有效的补充说明。

板桥身为进士，曾居官一方，却挂出一纸润格，公开标价售画，这在当时"君子耻于谈利而轻商"的年代，世人俗眼看去岂非咄咄怪事？读他这篇《板桥润格》，完全是谩世鄙俗、自寻开心的小品文，言辞之间毫无顾忌，是随手写来，任意为之。他在最后还将出主意的"拙公和尚"推到了人前，就让众人的非议涌向拙公和尚吧，和尚乃是方外之人，会在乎尘世的俗言吗？板桥此时显得十分俏皮，让人又爱又恨。后来有人将此润格刻石，书画家卖字卖画都不敢超过这个标准。

4. 余韵绵延二百年

乾隆二十七年（公元 1762 年）十月二十五日是郑板桥过七十岁生日。金农、黄慎、罗聘、李方膺等健在的"八怪"们合作了一幅板桥像，为他祝寿。板桥自己亦题诗一首："老夫七十满头白，抛却乌纱更便服。同人为我祝千秋，勿学板桥烂兰竹。"同年还作一柱石图轴，题诗道："谁与荒斋伴寂寥，一枝柱石上云霄，挺然直是陶元亮，五斗何能折我腰？"充分体现了郑板桥人虽老而志未减的情操。生命末年，郑板桥没有向命运低头，反而是高昂着头颅回顾自己无悔的一生。书画方面也不见颓唐之气，反而愈加显得笔力苍劲。

乾隆三十年十二月十二日，郑板桥病死于"拥绿园"。

为怀念先贤，板桥同学之弟周榘画了一幅《板桥先生行吟图》。画像力求传神，反映老人个性。这幅画被郑家后人奉祀于拥绿园。郑府每有大事，郑田观察画像，似乎板桥脸色或喜或怒，都有变化。于是周榘便有"分明老板髯掀白，仿佛丫头脸带麻，闻道近来欢喜事，早从画里露些些"的题诗。

板桥一生"无竹不居"，曾借王徽之语刻过"何可一日无此君"的印章，最后仍死于青竹之中。板桥去世后，安葬于兴化管阮庄"椅把子地"。"椅把子地"有一片竹林。板桥老人在这竹林中安眠了二百余年，他的风流余韵也绵延了二百余年。古板桥故居供奉着他的牌位，拥绿园供奉着《板桥先生行吟图》。

目前，兴化市板桥故居与纪念馆业已开放，扬州、焦山与潍县也都有若干纪念陈设。

第二章 三朝老民，终身布衣
——金农传

金农（公元 1687—1763 年），字寿门、司农、吉金，号冬心先生、稽留山民、曲江外史、昔耶居士等，钱塘（今浙江杭州）人，清代书画家，"扬州八怪"之首，布衣终身。之所以称金农为扬州八怪之首，是因为金农的才学是最高的。由于他生活在康、雍、乾三朝，且没有入仕，因此他给自己封了个"三朝老民"的闲号。

第一节 青年才俊

康熙二十六年（1687 年）三月二十二日，金农生于"以湖山胜"的浙江仁和（今杭州市）。金农自述"家有田几棱，屋数区，在钱塘江上，中为书堂，面江背山，江之外又山无穷"。金农的家庭条件在当时是比较优越的，他自号"金二十六郎"，可见其家族之庞大。古代的宗族意识强烈，所以这里的"二十六"是六亲之内的家族排名，即同辈兄弟几个的大排名。"于是目厌烟霏，耳饱澜浪，意若有得，时取古人经籍文辞，研披不闲昕夕，会心而吟，纸墨遂多。"

金农的成长环境是闲适的，富裕的家庭出身令他远离冻馁之患，并且得以接受良好的教育。

眼前是山色空蒙、烟雨霏霏，耳畔是江涛阵阵、潮汐涌动。身处这自然美景之中，手捧经史文辞，每读到会心处，便朗诵出来，手自笔录，少年时这一份恬淡惬意的读书心境是金农永生难忘的。

金农出生的家庭，受到佛教思想的熏陶。虽然他在七十岁时才皈依佛门，但是早在少年时便与佛门结缘。十四岁时，父亲带着他来到杭州长明寺，少年金农见识了寺中珍藏的五代时画僧贯休所作十六轴菩萨图像。金农还有个哥哥，出家做了和尚，就是聿禅师。

金农是一个早慧的少年，读书得法毫不费力，并且自知刻苦用功，所以很早就表现出非比寻常的才智。读书的过程也是他思考的过程，遇到费解的问题或是诗词文赋需要修改便向各种高人请教，甚至走上很远的路，到西湖边拜谒那些诗僧、隐士。

金农英才早发，年少即负诗名，深为浙中诸前辈欣赏。据他自己说，同里项霜田曾称赞他的诗："子诗度超时彦，举体便佳。"吴庆伯在诗僧亦谙处见到他的《林逋墓上作》，对亦谙说："吾新营生圹，宜乞此子寒瘦诗。"

吴庆伯（公元 1632—1708 年），名农祥，是一个读书过目不忘的天才型学者，家中藏书甚丰，金农总是登上吴先生家的藏书阁楼不停读书，有次竟不知道楼下的梯子被撤走了。就这样，金农最终将吴先生家中的藏书读尽了。吴先生博学多才，尤其擅长写诗、古文，曾与陈维崧、毛奇龄、吴任臣、王嗣槐、徐林鸿客于大学士冯溥家，被称作"佳山堂六子"，而吴庆伯则是众人之首。那时金农方才十七岁。

康熙四十五年（公元1706年）四月，二十岁的金农渡罗刹江到萧山拜访八十四岁的毛西河，此时毛西河刚刚从京城告老还乡。金农呈上他在会稽、探禹穴、观窆石等地所做的九言诗。毛西河激赏不已，夸示宾客说："吾年逾耄耋，忽睹此郎君紫毫一管，能不癫狂耶！"

毛西河（公元1623—1716年），名奇龄，字大可、齐于，学识渊博，淹贯群书，不仅在经学方面，而且在语音、音乐、历史、地理及哲学方面都有很高的造诣，写有专门著作，对各种文学体裁也熟谙精通。同时他还是书法家和画家，善于吹箫。毛西河可谓桃李满门，著名学者李塨就是他的学生。眼前这个聪慧卓越的年轻人令毛西河又惊又喜。

金农得到这些一代文宗的高度称赏，自然是春风得意，那股子年轻人的狂傲心气不可避免地滋生蔓延。

他日益感觉家乡一带的学习氛围已经不能满足自身如饥似渴的学习冲动，于是负笈游学，去寻找一位能使自己更上一层楼的名师。

何焯（公元1661—1722年），字润千、屺瞻、茶仙，号义门，江苏长洲（今苏州市）人，系著名的学者、藏书家、书法家。其家中富藏珍贵版本书籍和金石书画，精于考订校勘。然而，他虽以擅长八股出名，却连举人都没有中过。不过这并不影响才学文章都十分出色的他成为京城的名师，他还曾受聘于徐乾学、翁叔元等达官贵人之门。

何焯与李光地关系很好，李光地上书康熙推荐何焯，何焯被召入值南书房，并特赐举人功名，使其能参与康熙四十二年（公元1703年）的春闱会试。会试落第，但特准殿试，中二甲三名进士，选为翰林院庶吉士，并被命为皇八子胤禩之师，兼武英殿纂修。三年之后散馆御试时又落第，但仍准其留馆学习。康熙四十五年（公元 1706 年），皇四子胤禛（后来的雍正皇帝）命他校勘南宋王应麟的《困学纪闻》。所以他不仅是一个大学者、大书法家、大藏书家，还与姜宸英、陈奕禧、汪士鋐并称四大书家。同时他还是康熙的宠臣之一，政治地位很高。

作为新一代的文坛领袖式人物，何焯不仅拥有一流的学问，更重要的是他手中积攒了丰富的人脉和政治资本。拜在何焯门下的书生才子多如过江之鲫，自负颇高的金农也心甘情愿地跟随何焯。

何焯的父亲逝世，他将幼女交付胤禩的福晋照看，便奔丧回故里了。金农拜何焯为师，正是在何焯居丧在家期间的事。金农对金石碑版、绘画的爱好，也是在何焯门下学习时期养成的。到金农三十岁时，他自己收藏的晋唐拓本已多达三百余件。金农在何宅心无旁骛，潜心治学。这两年的学习，成为金农一生的学问、艺术的根基。

何焯对金农也比较欣赏，曾把他的五言、七言诗与唐代孟浩然、顾况作比较，划归于一类。何焯家中的典藏珍品、诸多金石碑版，以及历代名人字画，这都让金农大开眼界，这些珍品对金农日后的艺术创作产生了深远的影响。

在苏州求学之际，金农曾去拜访过当时与汪士慎齐名的诗人朱彝尊。一见面，朱彝尊就对金农说："子非秀水周林、张高士宅赋木莲花钱塘金二十六乎？吾齿虽衰脱，犹能记而歌也。"看来这位老诗人、东南诗坛盟主也对金农的诗作有所耳闻，金农得到前辈的垂青，心中的激动之情难以言说。他对自己的人生规划进行了非常圆满的设想，与所有社会上的读书人一样，金农也渴望自己能考取功名，出人头地。

可是，金农在何宅学习还不到两年，家中便传来父亲去世的消息。他不得不回家奔丧，于是学业暂时中断。父亲去世后，家境日益萧条，金农过着躬耕自食的艰辛生活，"门庭就衰落，弹指等浮沤"，"自拾甑中尘，贫窭忘苟求"。亲人辞世的悲苦，生计的窘迫，都没能使金农再回到何焯那里去继续学习。也就在这时，有人借何焯将幼女托给胤禛之事，说何焯与皇子合谋争夺储位，康熙因此将何焯下狱，何焯险些丧命。虽不久即释，仍命何焯在武英殿供职，但一切官衔都被削去。

所幸的是青年时代的金农结识了许多志同道合的好友，正是这些好友在金农的经济和思想上提供了大量帮助。这批相交终身的好朋友后来都成为学术上和艺术上成就赫赫的人物，包括丁敬、厉鹗、杭世骏和鲍鉁等人。接下来介绍一下与金农关系密切的这几人。

有着篆刻史上浙派开山鼻祖、西泠四家之首称谓的丁敬与金农是老乡。据记载，十二岁的丁敬就与二十岁的金农一起考证金石文字，竟日不倦。金农的很多印章就出自丁敬之手。丁敬家贫以酿酒卖酒为生，"身厕佣贩未尝自弃"，对金石文字搜求考辨不遗余力。他兀傲自负，从不媚俗。

有位大吏喜爱丁敬的篆刻，于是有些"嗅觉灵敏"，能察言观色之人便私下找到丁敬，希望能为大吏寻得心仪的印章，讨好大吏。话还没说完，就被丁敬骂得抱头鼠窜。盐商头号人物江春十分爱慕丁敬的诗，到杭州求见丁敬，丁敬谢绝请求，不予理睬。堂堂"以布衣结交天子"，连乾隆帝都礼遇的盐商总领江春被丁敬晾在门外，害怕丁敬的锋芒毕露，竟然逡巡不敢进门。

厉鹗（公元 1692—1752 年），字太鸿，号樊榭，杰出的文学家，尤以诗才著称。出身寒微，幼年丧父，靠兄长贩烟叶为生。因生活所迫，差点被家人送去寺庙。他刻苦用功，"读书数年，即学为诗，有佳句"。后来他又广泛涉猎，"于书无所不窥，所得皆用之于诗"。弱冠时，他从杭可庵游，称杭可庵为先生，与杭可庵之子杭世骏结为密友。他性格孤僻，不谙世事，但酷爱出游。每"遇一胜境，则必鼓棹而登，足之所涉，必寓诸目，目之所睹，必识诸心"。江浙山水，激发了他的豪迈诗情；迷人风光，丰富了他的美妙想象。在大自然的怀抱里，这位贫寒之子，迅速成长为一位诗人。他"毕生以觅句自得"，经常在街头漫步，仰天摇首念念有词，只为能吟出绝佳的诗句，颇有古人"吟成一个字，捻断数根须"、"语不惊人死不休"的决心，因此厉鹗有"诗魔"之称。厉鹗的诗词与金农的书画乡里齐名，人称"髯金瘦厉"。

杭世骏（公元1695—1772年），字大宗，号堇浦，别号智光居士、秦亭老民、春水老人、阿骏，室名道古堂，仁和（今浙江省杭州市）人。雍正二年（公元1724年）举人，乾隆元年（公元1736年）举鸿博，授编修，官御史。乾隆八年（公元1743年）因上疏言事，遭帝诘问，革职后以奉养老母和攻读著述为事。乾隆十六年（公元1751年）得以平反，官复原职。晚年主讲广东粤秀和江苏扬州两书院。工书，善写梅竹、山水小品，疏淡有逸致。生平勤力学术，著述颇丰，著有《道古堂集》、《榕桂堂集》等。

鲍鉁（公元1690—1748年），字冠亭，号辛圃，山西应县人，二十岁就做了浙江长兴县知县。工诗文，爱才好士，金农第一本诗集——"怀人绝句三十首"的《景申集》，就是由厉鹗作序、鲍鉁出资镂版而成的。厉鹗、杭世骏和鲍鉁这三人的诗文和学问是很出名的。

他们几个人气味相投，患难与共，在学问和艺术上相互欣赏和借鉴，成为至交。

三十岁时，金农生了一场大病，是恶性疟疾，"寒热互战，肤悴而削"。当时生活又十分窘困，"一月闭门恒自饥"，金农连饭都没得吃，哪里有钱去给自己治病呢？病困交加的金农卧床不起，想到自己英才早发，如今却是老大无成，情绪的落差悬殊，心境也变得悲凉起来。病中，金农"寒宵怀人，不寐申旦，遂取崔国辅'寂寞抱冬心'之语以自号"，曰"冬心先生"，写下了《怀人绝句三十首》，并说"早衰吾欲称老夫"。实际上金农并没有未老先衰，只是心情沮丧，没有了昂扬的斗志和燃烧的激情。一个从小顺风顺水成长起来的富家子弟，对于世事的残酷砥砺并没有多少抵抗力。

金农病愈以后，为了调养身心，排解忧愁，当然更重要的是解决生计问题，他便开始游历山川，浪迹天涯。正如他在《画马题记》中所言："今予画马，苍苍凉凉，有顾影酸嘶自怜之态，其悲跋涉之劳乎？世无伯乐，即遇其人亦云暮矣，吾不欲求知于风尘漠野之间也。"

金农三十四岁时开始出游扬州，随身携带着鲍鲹出资为自己刻印的第一部诗集《景申集》。初到扬州，金农的诗集受到了很好的评价。诗人谢前羲读了他的《景申集》，惊叫说："吾目光如炬，不轻让第一流，何来狂夫，夺吾赤帜！"另一位余葭白，特设宴与金农相会，评他的诗说："天下撑肠柱腹，卷轴胜于君者不少，如君无一贱语，岂可哉！"这些一时名家的赞誉，无疑为金农在扬州起了推荐和揄扬作用。但扬州是一个活跃的市场，只有靠卓越的作品赢得人气才能在市场上站得住脚，因此金农的日子并不好处。

康熙五十七年（公元 1718 年）冬，金农曾画一幅《兰竹图》，其中有"一花与一枝，无媚有清苦"之句，为一生画作奠定了基础。由于人生地疏，金农在扬州有时乞食僧舍，更多的时候是饿着肚子"闭门自饥"。以至于在康熙六十年（公元 1721年），三十五岁的金农写诗道："一月闭门恒自饥，连朝养疴懒赋诗。高僧送米苦难得，残客索书伴不知。"这也可见他流寓扬州的日子过得潦倒窘迫……虽然金农的诗集受到好评，而且当时的金农、丁敬、吴西林被称为"浙西三高士"。杭世骏《丁隐君传》记载："隐君名敬……家在侯潮门外……布衣金农，相距一鸡飞之舍，与之齐名。"美辞秀异，但没有很高的认同度，在扬州这个竞技场是不好混的。但是繁华的经济，日新月异的社会发展，以及浓郁的文艺气息深深感染着金农，这令人痴迷的氛围让他十分享受在扬州的日子。

所幸的是，落魄的他还有一群志同道合的挚友陪在身边，他们一起造访名胜美景，漫游江浙一带。先后认识了书画家汪士慎、高翔等造诣颇深的朋友，而和大商人马曰琯、马曰璐兄弟的结识更是一个很好的际遇。马氏兄弟是诗人，又是藏书家。马家住扬州东关街，建有街南书屋，因书屋园内有一不加雕琢而具备秀、绝、瘦三字之奇的太湖石，取名为小玲珑山馆。金农便与朋友相聚于此，论诗谈艺，观摩书画法帖。

康熙六十年（公元 1721 年）年底，金农回到了杭州老家，但是他总是情不自禁地想起扬州的繁华和那帮情投意合的朋友。于是在高翔所赠的山水画轴上作了题记，来纪念扬州之行。

第二节　漫游四方

　　雍正元年（公元 1723 年）夏，三十七岁的金农去了山东，不过秋天就回来了。这次短暂的外出，主要是在临淄与大诗人赵执信进行了会面。

　　赵执信（公元 1662—1744 年），字伸符，号秋谷，晚号饴山老人，著名的诗人和诗论家。他是清初诗坛"六大家"之一。但是在文学观点上，即主张"诗中须有人在"，认为诗歌应该看重质实，而非所谓的"清逸"。这与盛行的"神韵说"相互抵牾，但是金农十分赞同赵执信的观点，即认为金农的诗能在"神韵说"风靡一时的情况下，坚持自己的创作风格而不受影响，是十分可贵的。得到了赵大诗人的首肯，金农心满意足地返回杭州。

　　金农在扬州天宁寺寓居过一段时间，天宁寺是当时规模宏大的寺庙，所接纳的香客、善男信女或者落魄文人也很多。这里是金农卖画维持生计的落脚之处，也是他与朋友探讨书画技艺、交流意见的场所。金农卖画一段时间，手中也攒了一些银两，于是他又计划着一次远游。临行前友人汪士慎、马曰璐、厉鹗等为之送行并纪以诗。汪士慎《送金寿门》诗云："诗人情性惯离家，小别衡门落照斜。明日马蹄踏芳草，梨花风雨又天涯。"这是说梨花开时，金农已经在北游途中了。

　　这次是前往京师。金农希望能有一个机会，让他可以参与时政，实现自己的政治抱负。他游程中写《次香山驿》："……吹角嘶笳本游逻，慷慨悲歌有谁和，百里宿店马亦饥，饮啗满腹槽下卧。我心兀兀堕渺茫，不随骑吏随编郎……"蕴含怀才不遇的苦闷和冀求建功立业的愿望。他还发出"何时级玉班"的惆怅和"佐良史，石之职，善属文，分曲直"的心愿。但是在京师待了大半年的时间，拜访了许多大人物，还是没人愿意帮助这个态度倨傲的杭州老书生。

京师富贵繁华之地，金农的那点盘缠已然所剩无几，但是他相信自己会得到伯乐的赏识，于是执着地穿梭在京师的各个府邸之间。金农幻想以诗文结交名卿巨公，可惜无人赏识，"怀抱名刺，字迹漫灭"，天长日久，经过屡次的碰壁，他才领悟到，事情远没有他想得那么简单。最终，金农身无分文，连怎么回杭州都成了问题，其实他并不是真的一无所有了，至少还有随身携带的珍藏砚台。那是一方由好友高翔用隶书书写、汪士慎镌刻的写经砚。被生活所逼无奈的金农，以砚换钱，取道南归……

南下之路经娘子关处进入山西境内。金农一路向南走过了太原、临汾，终于在寒冬腊月到达泽州（今晋城）。为何要前往泽州，据记载是应了陈壮履之邀，作客山西泽州。这位陈壮履是康熙朝重臣陈廷敬的三儿子。陈廷敬是文渊阁大学士兼吏部尚书，是当时康熙皇帝的左膀右臂，在古稀之年担任《康熙字典》的总修官。而陈壮履也受命参与编撰，和父亲留名于一书，时人莫不以之为美谈。

陈壮履从小受到良好的教育，在十六岁便考中进士，年少成名，不过十年后便被罢官了。他佩服金农的诗歌，在金农面前，他感到自己读书甚少，文笔生疏。"吾不幸十六中进士，翱翔禁庭十年，罢归，不深读书。今夜灯相对，受益良多。君乡查翰林兔园挟册，吾最薄之……从此执业称诗弟子矣。"他心甘情愿把金农当作自己的老师，向他谦虚地学习。

金农《陈学士（壮履）晚食戏成三首》其三云："雪虐风饕

饮冻醅，围炉偏向夜深来。可知印绶寻常物，只博丁郎啖百枚。"诗中可见陈壮履对金农的知遇之恩，以及对他的宽慰。两人惺惺相惜，畅谈诗歌，针砭时弊，十分投机。金农在陈家一住就是三年。三年里，他不仅饱读陈宅丰富的藏书，也游览了晋南一带的太行山、中条山等地。金农也积极帮陈壮履整理抄校大量旧籍文本，算是对他的报答。

雍正五年（公元 1727 年），金农作诗《忆康山旧游》有："相思渺天末，断肠茱萸湾"之语。长期寄人篱下的感觉令金农产生了倦鸟归林的愿望，此时金农之女海珊远嫁天津，妻子也随女儿远去他乡，老友在扬州盼着他的归来。客居泽州，金农往扬州寄回许多书画送给他日思夜想的老友们。于是金农拜别陈壮履，开启南归之行。

雍正七年（公元 1729 年），四十三岁的金农为自己画像一幅，并题有"十载重逢身外身，二三千里路沙尘。天涯岂少争相识，娘子关前坠马人。"这四句说的是当年金农过娘子关时曾于马上坠落，时隔数年，金农想起当年狼狈模样可笑不已，但是时光流逝，往事不复，唯有纪之留念。

金农习惯了飘萍般的生活，南归一程也是在四处游历。自从金农走出杭州，迈开外访名师的步伐以来，他的游踪已经留在了全国各地。在这之前是"渡扬子、过淮阴，历齐、鲁、燕、赵，而观帝京，自帝京趋嵩洛"，以后则是"之晋、之秦、之粤、之闽、达彭蠡、道鄂渚，汛衡湘漓江间"。足迹遍天下，沿途金农和达官僚吏、行商大贾、文人雅士、匠农医贩各阶层的人有过广泛地接触，目睹了社会现实，对时弊有所认识。种种经历，为今后的书画创作积累了丰富的生活经验。他时时不忘自己的诗人身份，总是携带着自己的诗篇，每到一处，金农也会留下他自己的手迹，不断创作，推陈出新。无怪乎陈壮履当时称赞他"君诗如玉潭，如灵湫，绠汲不穷，非吾友，实吾师也"。

金农不断从眼见耳闻的周身世界汲取自己所需的养分，内化为诗歌的灵感。他的创作经历正是"问渠哪得清如许，为有源头活水来"的范本。尽管金农没有得到实现自己政治抱负的机会"无所遇而归"，但是这些生活的历练已经潜移默化地成为他日后创作灵感汩汩流出的源头。他的诗书画印创作十分丰富，特别是诗，题材广泛，内容新颖，大都来自现实，来自生活，有感而发，寓意深长。全部诗文书画从不同侧面反映现实，都是早年人生阅历积淀的结果。

金农中年游历达 15 年，足迹踏遍半个中国。哪来的旅行费用呢？除了化缘僧院与朋友资助外，他招募挑选了一批能工巧匠，组成一个自给自足的"技术访游团"，金农充当"团长"，团里每个人都有一技之长，如甬东朱龙擅雕琢纹刻砚石，新安张喜子精界乌丝栏，会稽郑小邑擅长抄写，吴门庄闿郎会弹奏乐器，兰陵陈彭擅长画墨竹等。每到一地全团便开展活动，以此筹措旅资。这种方式在"八怪"中也是绝无仅有的。

雍正八年（公元 1730 年）冬天，金农终于回到魂牵梦萦的扬州。次年秋天，马曰琯、马曰璐兄弟将金农、厉鹗等一众文人请至小玲珑山馆一聚，算作是为金农接风洗尘。开始，金农应众诗友的要求，讲述了山西见闻，这些久居江南的文人感到无不新奇。

随后大家到院中观赏巧夺天工的假山和疏影暗香的梅花，不知不觉，天色渐晚，大家掌灯回屋接着作诗。这次众文人一起作诗有些类似考试，会诗的用字、内容、时限都有所要求，不到一炷香的时间，金农便交了头卷，赢得一片喝彩。雅集结束后，金农留宿小玲珑山馆，并住了一段时间。

金农有诗记录这次盛会："少游兄弟性相仍，石屋宜招世外朋。万翠竹深非俗籁，一圭山远见孤棱。酒阑遽作将归雁，月好争如无尽灯。尚与梅花有良药，香黏瑶席嚼春冰。"

雍正十三年（公元 1735 年），金农的人生似乎也要熬过难挨的冬天。吴兴知县裘鲁青向节钺大夫帅念祖力荐金农去应博学鸿词科。清朝设博学鸿词科以笼络知识分子，实际中举入仕者并不多，所以这一举措客观上已经变为巩固清朝政权的一种形式。鲍鋈记叙自己也曾被举荐，后来落榜；很多贤能之士多次受荐，仍然落榜。

金农心中也知道此路崎岖难行，于是写了一首《上学使帅公书》表示自己"进退两难"。也有人将其解读为金农的故作清高，实际内心是十分热衷于这次机会的。可这次"博学鸿词"考试因应举的人寥寥无几和雍正去世而中辍。金农心中是怎样盘算的，我们不得而知，但是他的好友裘鲁青知县在第二年（乾隆元年，即公元 1736 年）又一次举荐了金农，看来裘知县不愿看到金农因为放弃这次机会而被埋没，于是金农顺势下台，赴京应试。

该年八月，金农与厉鹗、杭世骏等好友一起来到京师应试。他通过有同门之谊的徐葆光拜谒张照等高官，展开活动，试图获得录取资格。金农下榻于前门外樱桃斜街一处客店，各省应试之人都在此暂住，靠着清廷发给的一点费用勉强度日。在京师满怀期待的日子里，金农和张照等大吏往来频繁，并交流切磋书法精神。

金农一直是以隶书见长的，张照劝慰他的时候说："君善八分……曷不写五经以继鸿都石刻乎？"但是金农不仅将隶书写得结体随心，笔势老到。渐渐地，金农又发展出自己的一套书法字体——"漆书"。

金农吸收国山碑、谷朗碑等碑刻之精华，从受损的碑身上模糊的字迹感受到刻字的粗拙。于是用秃笔重墨为之，有架势，有笔力，具有隶书、楷书的体势，蕴含金石方正拙朴的气派，兼备墨画浓淡枯湿的韵味，风神独绝，气韵生动，成为在当时独树一帜的金农漆书。

现实的打击总是接连不断。揭榜之日，金农和诸位好友无一上榜，落了个竹篮打水一场空的结局。他懊悔不已：自己何苦来这里白走一遭，凑这场不合时宜的热闹？金农失望至极。

对仕途绝望的金农，悻悻地离开京师，回到扬州。"三百大布衣，三朝老名士，疏髯雪萧萧，生气长不死。"这是金农此时的境遇，也是他一生的写照。

回到扬州，金农开始致力于学画，希望能卖画自给，在扬州终老。然而应征未举之后，更加孤狷自赏，不屑于求人，于此鬻画艰难，虽然声名很高，也不免贫困，他在《画梅题记》中写道："冒寒写得一枝梅，却好邻僧送米来，寄予山中应笑我，我如饥鹤立苍苔。"除了卖画，金农有时也画纱灯出售，以补生计。

第三节　扬州老画师

康、乾两朝，政治腐败的迹象日益显露，朝廷大力推崇程朱理学，思想文化统治愈加严酷。金农对这个满是"城狐社鼠"的社会已经看透了，不愿同流合污，唱出"莫怪撩衣懒轻出，满山荆棘较花多"的诗，他画竹寄志"好似老夫多倔强，雪深一丈肯低头"。面对"雪深一丈"、"满山荆棘"的现实，甘守清贫。宁愿"枵腹全无饱，枯形非一朝"，也要"损荣守清节，不共侍中貂"。并以"心出家庵粥饭僧"自诩，安贫乐道。为自己刻一方"布衣雄世"的印章，以自怡自娱，一派恣放不羁的清高名士作风。

对于金农从何时开始学画，普遍的说法是在他五十岁左右才开始的。其实他在早年已经涉及绘画领域了。钱杜《松壶画赞》载："吾乡金冬心先生，年四十始以己意学宋元写生。"

金农四十岁时即已对物写真，还下过一番苦功。再加上他学识渊博，文学修养高深，饱览古代绘画名作，书法功底深厚，又游历过名山大川，所以一旦画画，学起来十分容易上手，并且下笔不俗，风格独特，别有一番神韵。金农的绘画题材，比之"扬州画派"的其他画家更广一些。从梅兰竹菊到山水人物，从花卉水果到佛释罗汉，韵趣清新，题材广，画笔宽，为当时画坛之少见。

金农初画竹，既而画马，画佛像，以后较多画梅。他的画造型奇古，用笔质拙，所画人物山水花竹无不孤诣独绝，脱尽时流。金农自己曾经说过："目空古人，不求形似，出乎町畦之外。"似乎这完全是他凭空自创，丝毫不借鉴于古人，其实不然。金农一再强调"予仿其意，不求形似"，更求得其神骨，但他并未放弃与忽视对传统技巧的继承和探求。只要对自己的创作有用，他就"心摹手追"，真可谓"万象为宾客"，但绝不"强合其妙"。

他画竹，便"以竹为师"，特地在住宅周围种了大片翠竹修篁，"日夕对之，写其面目"，并大胆摒弃"个"、"介"字式的画叶俗套，代之以"星式"。

金农大约六十四岁时在《画竹题记》中写过这样的一段话：予今年学画竹，竹之品与松同，总要在象外体物之初耳。寥寥数竿的墨竹图，笔钝墨凝，竹势冲霄，磊磊落落，却又风姿婆娑。连画竹名家郑板桥也大赞"有奇气"。若将郑氏淋漓潇洒、清逸多姿的竹比之风流才子，则金农瘦峭古柏、倔傲孤简的竹就如高僧隐士。

不论金农笔下"无潇洒之姿，有憔悴之状"的竹，还是"好似老夫多倔强，雪深一丈岂低头"的竹，在"予之竹与诗，皆不求同于人，同乎人则有瓦砾在后之讥"、"目空古人，不求形似，出乎町畦之外"的创作思想主导下，早已超脱了自然景物的外在形式，成为人格与理想的化身。

金农画梅，又"以梅为师"，在"耻春亭"旁栽下老梅30株，顶风冒雪反复揣摩梅枝的形态，从而达到"胸中无数岭上梅"的境界。表现在纸上即枝多花繁，生机勃发，往往以淡墨画干，浓墨写枝，淡墨孕润，浓墨点苔，圈花点蕊，黑白分明。还参以古拙的金石笔意，形成质朴、苍老的风格。所作梅花枝干盘曲，浓淡墨色交融，以拙朴线条圈花，浓墨点蕊；布局繁而不乱，疏而不散，每幅梅花都各具神态。

他曾有题记表现自己的艺术追求，他说："先民有言，同能不如独诣。"又曰："众毁不如独赏。独诣可求于己，独赏难逢其人。"他的画刻意追求不同于人的风格。他说他画竹，便要"丛篁一枝，出之灵府。"他画梅，便题："近来老丑无人赏，耻向春风开好花。"自述画梅的特点一是老，二是丑。其实，老便是苍凉，丑便是古拙。因为苍凉与古拙，金农之梅便显得孤傲。

在一幅风骨隽朴的《冷香图》中，金农以"数树梅花破俗，冷香恰称清贫，旧家门径不改，莫道此中无人"来抒发他自甘贫寒，不随俗流的情尚。另一幅梅花的构图是：篱笆高长，将梅花主干遮住，丰姿难见。园门洞开，却无赏花之人，香气似乎也被篱笆所隔绝了，任凭如珠似玉、清纯可怜的好花自芳自谢随风摇落。跋之"寄人篱下"四大字。画翁之意再清楚不过：图是写梅，情是泄己，这正是他一生怀才不遇、长闷久郁下的无声呐喊！他还曾画围墙几折，墙内梅花有逸出。墙体极高极长，几乎占去画面大半，粉墙成了画面的主体，这也是与上述作品相似的构图。金农题云："东邻满座管弦闹，西舍终日车马喧。只有老夫贪午睡，梅花开后不开门。"大概是想表达自己捐弃世俗的人生态度吧。总之，金农"为梅写照"的同时，更在用心为自我写照。

金农还善画马，"厩中良马是吾师"，并吸收了唐昭陵六骏的造型特点，别开生面。作于乾隆二十六年（公元1761年）的《蕃马图》，画中之马双耳竹劈，眼神炯炯，摇尾投足间自有种"万里可横行"的风采，大宛马的体魄、西域人的形貌皆表现得活灵活现。可是画面传达出的却是骏马将要被牵至东门待价而沽。离群别主的骏马面对自己羽毛般随风飘落的命运，无可奈何。

金农在一幅《马图》上提道："今予画马，苍苍凉凉，有顾影酸嘶自怜之态，其悲跋涉之劳乎？世无伯乐，即遇其人亦云暮矣。"他多年以来怀才不遇的人生感慨都浓缩在自己笔下的马图中。另有一幅《瘦马图》，对这匹当初曾为主人在战场上冲锋陷阵屡立奇功的战马，表示出无限同情和慨叹。因而题诗其上道："古战场上数箭瘢，悲凉老马忆桑干。而今衰草斜阳里，人作牛羊一例看。"良驹已老，虽有壮志千里的雄心也不能再上战场立功杀敌了。画中之马与画家的情状际遇明契暗合，化为一体，悲悯之叹仿佛不绝如缕，回响在观画人的耳畔。

"扬州八怪"的绘画有一大特点就是几乎每画必题，其形式参差错落，达到充实画面、生发画意、调整结构的一个重要手段。"扬州八怪"的题款总是别出心裁，巧妙利用题款来赋予画面生机。有的题款与画面平分秋色，有的甚至喧宾夺主，题款的位置霸道、题款所占画幅比重过大等情况在"八怪"笔下都是司空见惯之事。

这里不得不说说金农的题画艺术，他认为"题画之诗，全要异趣横生。"他题画的内容不是简单地为画作注，而是通过题款强调物外之趣，画外之义。几乎每画必题，每题必妙，画以有题而名贵，题亦以有画而妙趣横生。形式上，打破了以往题画的定型——"上宜平头，下不妨参差"的所谓齐头不齐脚的俗套形式。他题诗跋文在经营布局方面灵活多变，最特别的就是一幅画上画只占一角，而题跋反倒占去画面的大部分，被人誉为"金长题"。方薰在《山静居论画卷》中说："画可有不款题者，惟冬心画不可无题，新词隽语，妙有风裁，行草隶书，具入书法。"

金农在人物画上，也有极高的成就。他创作人物肖像，同样具有用笔笨拙的特点。然而布局构图，意境深邃，开辟了文人画的肖像画领域。他笔下的人物标新立异，以好奇有趣的眼光来画他所表现的人物，呈现出一种天真奇特的形象，显得极为稚拙，不同寻常。他为自己画像：一副大头长髯，宽袖大袍，挟着竹杖，云游四方的模样，生动地表达了画家本人奇古怪癖的性格。

在《自写真题记》中，金农记道："予今年七十三岁矣，顾影多慨然之思，因亦自写寿道士小像于尺幅中，笔意疏简，勿饰丹青，枯藤一枝，不失白头老夫故态也。"在这里，金农逸笔草草，不求形似，但人物的神态却捕捉得很准确。

清人牛应之在《雨窗消意录》中记载了一段广为流传的故事。金农客居扬州，因为诗书画印造诣都很高，盐商纷纷慕其名而将金农奉为座上宾。

有一年暮春，扬州盐商们在平山堂设宴赏花，附庸风雅，金农也应邀在座。席间，主人要求以"飞红"行酒令，每人必须吟咏古诗一句，句中要嵌有"飞"、"红"二字。轮到一位万姓盐商接令时，苦苦思索还是没有想出来，好似《红楼梦》中的"呆霸王"薛蟠一般，抓耳挠腮，满头大汗。众客商议将罚这位万公喝酒，万公拊掌说道："柳絮飞来片片红。"一语既出，满座哗然，纷纷讥笑其红白不分，认为这句诗乃是万公杜撰，要求其说明出处，万公羞赧不已，手足无措。

这时，金农有心助他，便起来为其解围："此乃元人咏平山堂之诗，名为《平山堂远眺》，全诗为：廿四桥边廿四风，凭栏犹忆旧江东，夕阳返照桃花渡，柳絮飞来片片红。"又解释道："柳絮色白，晚霞映照，披暮色，故而片片皆红。"众人听罢，茅塞顿开，皆服其博学。其实只有金农自己心中清楚，这哪里是古诗，不过是自己一时急中生智，随口拈得。但是，万公对金农在众人面前为自己争回面子表示万分感激，第二天便送给金农很多银两。

金农晚年生活十分凄苦，这与他怪异的性格不无关系。乾隆十二年（公元 1747 年），金农生了一场大病，需要服用人参，无奈囊中羞涩，只得将珍藏的陈洪绶《卢同煎茶图》托好友丁敬转卖，生计艰难可见一斑。

乾隆十七年（公元 1752 年），金农的女儿难产身亡后，要把老妻接回来，筹措旅费，曾向友人去信求援："……今以拙书瘦笔小屏十二幅，漆小灯一对，书论画诗二十四首奉寄，聊博数金，作遣人舟楫之费。想古道如足下，断不斳惜些须笔墨之酬……"这封凄婉辛酸的求卖字画的信札可以让我们想象出他晚年生活的艰辛。后来金农将妻子接回来不久，妻子便亡故了。

金农曾自述："予自先室捐逝，洁身独处，旧蓄一哑妾，又复遣去。今客游广陵，寄食僧厨，柳岁清斋，日日以菜羹作供，其中滋味，亦觉不薄。"

金石家丁敬记述："吾友昔耶居士，诗文书画，天分既高，学力又足以副之，四方求素如云，得之珍同拱璧。"也就是说，金农的作品当年在扬州很风靡，受到追捧，金农也曾富有过，但是他又是一个毫不介意钱财所去的人，挥金如土，毫不怜惜。

《小仓山房诗集》和《墨林今话》中更记述他养鸡、养鹤、养蟋蟀、养乌龟，又"蓄一洋狗名阿鹊，每食必投肉寮食之"，高兴起来"或共鸡谈，或歌狗曲"。平素长髯密须，尘面垢足，敝袖跟履不修边幅，花费上却往往大度无方，"卖文所得，岁计千金，随手散去"。写书卖画又全凭一时心情："饥来得钱亦复卖，饱则千金不肯贾"，以至晚年穷困潦倒，最终到了四壁皆空、无资入殓的地步。这样一个绝冠一时的大画家，在年迈力衰之际，其遭遇却是这般凄楚。

据《扬州画舫录》记载，集中在扬州的名画家就有八十余人。对金农的书画，识者求索的可能已满足，而市俗对金农的艺术又不能理解，故其书画的销售已很困难，然因"僧厨断烟"，为了易米，他又不得不画。他曾在自己的住所里对壁挥毫："隶书三折波僵，墨竹一枝风斜。童子入市易米，姓名又落谁家？"抒发了他那为"易米"而画的不悦之情。"三旬九遇食，十年著一冠"成为金农日常生活的生动描绘。

金农曾感慨："楚山叠翠，楚水争流。有幽兰，生长芳洲，纤枝骈萼，占住十分秋。无人问，国香零落抱香愁，岂肯同葱同蒜，去卖街头。"

在《扬州杂诗》中，金农又颇为愤慨地写下："健笔摩空颠且狂，穷年文价太荒唐。一钱不值遭乡摈，真个鞭笞鸾凤凰。"这是对当时现实给予的强烈控诉，他不愿将自己的书画作品像农贸市场的果蔬调味一般卖得廉价而卑贱，更不愿轻易仰面求人。他在题画中曾说："凌霜雪，节独完；我与君，共岁寒。"又在《自写曲江外史小像》上题道："对镜濡毫，写侧身小像，掉头独往，免得折腰向人俯仰"。

晚年的金农最得意的事情，莫过于收了罗聘、项均等青年人为诗弟子，时时请益，追随杖履，给他不少乐趣。

当时罗聘二十四岁，是最得金农真传的一位。有人认为，金农晚年的画大多是罗聘代笔的。弟子为老师代笔不足为奇，项均也为金农代过笔，这只能说明弟子学老师可以乱真罢了。

乾隆二十一年（公元 1756 年），金农七十一岁，寓居扬州西方寺。悲凉的心境，使他只有在佛经中才能找到慰藉，"七十老翁，妄念都绝，我亦如来最小弟也"。西方寺始建于唐永贞年间，金农当时所住的西方寺已是断壁残垣、满目疮痍、香火绝迹了。金农初进西方寺时尚能"寄食僧厨"，后因寺庙坍塌，加之"紫衣（钦赐紫袈裟之僧人）三载已飘零（金农语）"。西方寺也就出现了金农所描绘的："无佛又无僧，空堂一盏灯……此间何所有？池上鹤窥冰"。这是种多么凄楚的情景！另有一首："月夜画梅鹤在侧，鹤舞一会清人魂。画梅乞米寻常事，却少高流送米至。我竟长饥鹤缺粮，携鹤且抱梅花睡。"这也描述了当年的境遇。

随着老友汪士慎、李方膺、厉鹗、全祖望、马曰琯等人的相继去世和郑板桥、李复堂、黄慎等人逐渐进入衰朽残年，金农的心和扬州画坛一同冷落了。

乾隆二十八年（公元 1763 年）秋九月，金农在寂寞中与世长辞，享年七十七岁，他身后萧条，不能下葬，还是老友杭世骏集资，由弟子罗聘等奉梓，归葬于浙江临平黄鹤山中。

西方寺于咸丰三年（公元 1853 年），除金农居住过的大殿外余皆毁于兵燹。同治、光绪年间虽有复建，也未能恢复旧观。现仅存大殿、两厢廊房、方丈室等建筑。大殿系明代遗存，楠木结构，歇山重檐，殿内彩绘保存完整，至今尚清晰可辨，是扬州重要的文物建筑之一。近年来，当地正规划以西方寺修建金农纪念馆，让大家记住这位影响深远的书画大师。

第三章 两革科名一贬官
——李鱓传

"扬州八怪"中学识内涵最高的是金农,人生带有传奇色彩最浓的是郑板桥,这是最为世人所熟知的。可若要论名气,"八怪"之中仅次于郑板桥的,恐怕就是李鱓了。

李鱓（公元1686—1762年），字宗扬，号复唐，又号懊道人、滕薛大夫、中洋式、磨墨人、苦李、木头老李等。他既是"扬州八怪"中成名最早的，也是其中唯一一个曾经供职于康熙身边的画家。

李鱓的鱓字，有两种读法。

一为tuó，同鼍，即猪婆龙，古为"神兽"也。李鱓在临淄为县令时，大家都会读tuó。

第二种读法，即shàn，同鳝。李鱓多次题画署名为"鳝"，其意为自己不过是江淮间一条普普通通的鳝鱼罢了。

从腾云驾雾的神兽到塘中取乐的鳝鱼，李鱓到底拥有一幅怎样跌宕起伏、波澜壮阔的人生画卷呢？

第一节　少年得志

　　李鱓与郑板桥是同乡，都是江苏兴化人，李鱓乃是明代首辅李春芳的后代。

　　李鱓出身于一个世代为官的诗礼之家。他的父辈以上连续九世，有人官至一品，多人中进士、举人，累世工诗擅画，是名副其实的诗画世家。李鱓的祖父和父亲都是在地方颇有名气的知识分子。祖父李法与明末四公子之一的冒辟疆等人唱和，工书法，善诗；父亲李朱衣担任过文林郎，在当时只能算是一个七品小官，况且曾祖为监生，祖父为布衣，到了父亲这辈，李家已经是名副其实的"布衣之家"了。

　　李鱓有两方印，一方叫"李忠定文定子孙"，一方叫"神仙宰相之家"，都无不彰显着自己家世的显赫。"忠定"是宋代宰相李纲的谥号，"文定"是明代首辅李春芳的谥号。

　　根据《锡山李氏世谱》和《兴化李氏族谱》，李纲是李鱓的三世祖，李春芳则是李鱓的六世祖。李春芳善作青词，即道教举行斋醮时献给上天的奏章祝文，甚得明世宗嘉靖帝欢心，人称"青词宰相"或者"神仙宰相"。李鱓常常以此为荣，对祖先的荣耀光环念念不忘。

　　确实，那些先人留下的耀眼光芒已经投射进了李鱓的人生。李鱓从懂事之初便佩戴上家族荣耀的勋章，像背负着使命一般，投身考取功名，走上仕途的洪流之中。对于自己出身的不凡，他也情愿相信那预示着自己终究不凡的未来。

　　父亲李朱衣虽是个小小文林郎，但是诗文方面的学问十分了得。而且家有水田千亩，经济条件也十分优越，所以李鱓从小就接受了严格的家庭教育，同时受到了具有浓厚艺术气息的家庭氛围的熏陶，在攻读诗书的同时也沉浸水墨丹青。小李鱓有着聪明过人的天赋，与本家的弟弟一起联句作诗，你一句我一句，结果十有六七都是李鱓所吟，其他人不是太慢就是不能符合合辙押韵的要求。有时大家一起看书，几个小脑袋挤在一起，看同样的书，大家发现，李鱓总是很快就看完了，或者总是要比别人看的领先很多。

李鱓从小学习绘画，一方面是出于对绘画的热爱，另外还受到当时社会风气的影响。因为当时康熙爱好书画，统治画坛主流的代表人物"四王"，即王时敏、王鉴、王翚、王原祁就深受康熙垂青，个个官居高位，煊赫一时。若能在画艺上有所建树，得到统治者的青睐，走上仕途也是唾手可得之事。即便一般读书人重文轻画，视作画为"末技"，根本不屑一顾，但是李鱓的家人还是全力支持孩子对绘画的追求。可见李鱓家庭毕竟是朝廷名臣之后，教育后代上能兼容有量，允许孩子自由发挥，而且可以看出他们对时局的风向还是具有相当敏感度的。

少年李鱓向同乡魏先生学习元代黄公望的山水画。黄公望便是大家所熟知的《富春山居图》的作者，他也是"元四家"之首，作品特点是苍茫简远，气势雄秀。在学习黄公望的过程中，李鱓的绘画基础已经得到了夯实。稍稍长大一些，李鱓又前往高邮继续学习画画。

高邮的王永吉在明清两代都是京中高官，做过尚书、总督、秘书院大学士。王永吉的后裔王媛，是李鱓族兄李炳旦之妻，关系亲近。李炳旦博学多才，诗学苏、陆，书类吴兴，画追王维，被人们称为"三绝"。而王媛也是一位杰出的女书画家，她的书法效法卫夫人（"书圣"王羲之的启蒙老师），结体茂密修长，人

称美女插画起舞。王媛本人博通经史，她还有一项绝技，就是
"发绣"，她可以将一根头发剖为四开，在绢素上绣成观音大士
像。就这样，十五六岁的李鱓便遵父母之命，来兄嫂处学书画。
王媛很喜欢这个悟性颇高的少年，将平生所学悉数教授。所以李
鱓在十六岁时就已经以画闻名当地了。

第二节　入值皇室，匹马离京

　　一边研读四书五经以应对科举，一边时时作画挥毫不辍，所
以李鱓的学问进步很快，画名也日益显赫。但是家人更希望他能
"以画求贵"而不是"以画求显"，就是要通过书画水平的提升，
将自己社会地位进一步提高，争取跻身官位，而非成为闻名画坛
的画师。

　　李鱓也没有辜负家人的期盼，他读书得法，对制艺八股已经
精通，这个前途无量的年轻人被大家一致看好，他一定会是科场
揭榜时的佼佼者。

　　康熙五十年（公元 1711 年），二十六岁的李鱓参加乡试，就
是这场考试，引发了一场震惊全国的科场案。本次江南乡试，九
月发榜之时，人们发现中举者除了苏州 13 人外，其余多是扬州
盐商子弟。其中甚至有文理不通的草包，这样明显的舞弊行为激
起了民愤。读书人埋头数十年只为一朝题名金榜，而富商子弟不
读诗书，用钱财贿赂考官便能高中，这种不公平令众考生难以
接受。

　　苏州生员千余人相聚玄妙观，商议推举一个带头人，然后进
行了一系列的抗议活动。愤怒的考生将财神像抬进府学，然后涌
向贡院，众人将贡院团团围住，并在大门上贴出："左丘明两眼

无珠，赵子龙一身是胆"，以此讽刺左必蕃和赵晋。两江总督噶礼将带头闹事的考生一众拘禁，准备按诬告问罪，其他考生展开声援，此事越闹越大。

由于牵扯的官员人数众多，且有多名大吏从中掣肘，官官相护、相掐，疑云重重。导致此案纷纷纭纭审了一年多，结果越审越乱，越审越荒唐。

李鱓若是因为考官舞弊而不能顺利中举便也作罢，不过是自怨自艾一番。可是偏偏李鱓一考即中，那榜单上他和众富商子弟的名字列在一起。因此，李鱓也受到牵连，举人之名甫得即去。这是何等尴尬？无奈之余更多的是对无常的慨叹。事态不断扩大，最后康熙出面，亲自审理，发现台阁重臣害怕贪官污吏，六部言官庇护钦差大臣，忠良含屈，奸臣狞笑。龙颜大怒，亲自将案情查了个水落石出，这才宣告结案："科场舞弊人员一律依法处决，不得宽怠。噶礼受贿纵容舞弊，着即革职听参，张伯行忠贞秉正，即留任原职，日后再行升赏。"两天后，康熙的圣谕被八百里加急传到了江宁。人们喜笑颜开，奔走相告。

案情真相大白，李鱓的举人科名又被恢复。好事多磨，失而复得的"举人"头衔令李鱓一时心情大好。虽然错过了参加会试进士的第一次机会，但他还是春风得意马蹄疾地来到京师，吟诗作画，周旋于父祖辈的公卿之间。

"莫教轻折尽，抛击待红妆"，这是当年李鱓在所绘绣球图上的题句，也是他企图能有贵人相助的愿望的反映，他要等待一个时机，然后一飞冲天。

机会再一次眷顾了这个幸运的年轻人。康熙五十二年（公元1713年），二十八岁的李鱓终于有机会向在热河行宫避暑的康熙皇帝献上自己精心创作的诗和画。康熙见了李鱓的作品，表示

"李鱓花卉去得",又得知李鱓出身江淮士大夫之家,为笼络江南士人,便任其内廷供奉,康熙还交代下去"交常熟蒋相公教习徐熙、黄荃一派",不久又正式任命他为南书房行走。

这"南书房行走"并非实际官职,只是皇帝身边的御用文人,但却是清代士人梦寐以求的职位,多少翰林学士以入值南书房为一生的荣耀。可以想见这时的李鱓是多么得意,多年以来家族对他"以画求贵"的厚望总算得以实现,李鱓当之无愧成为"以诗画名动公卿"者。

李鱓所画《四季花卉卷》被清宫《石渠宝笈》收录,这在"扬州八怪"中是独一无二的。《石渠宝笈》是乾隆皇帝亲自勘定的官方著录历代书画名作的专著,李鱓的作品能够入选,说明他当时已经受到清朝最高统治者的首肯。

"尔性何灵异,喜上最高枝。探得春消息,报与主人知。"李鱓自认为与列祖列宗一样,自己也算是光耀门楣,出人头地了。

南书房设立于康熙十六年(公元 1677 年)十一月,一个月约 30 天,康熙有 25 天都坐在乾清门议事,自然是要到南书房走动的。这南书房显然是皇帝亲信的秘书班子、智囊团聚会之所。

南书房要有书房的特色,往往每日要有词臣为圣上解经,也往往有文士为圣上作诗作画,意味着这些学士都成为儒家入世的最高境界代表者——帝王师。

李鱓作为一个江淮小城普通举子,能够以画侍值宫廷,出入大内,不得不谓之少年得志了。李鱓有印两方"李供奉书画记"、"金门承旨",也都是用来铭刻自己的这段永生难忘的经历的。

李鱓得到恩宠,被指派到宫廷画师蒋廷锡处学习五代画风的花鸟。数年的临摹仿古令李鱓感到厌倦,大有"始知锁向金笼听,不及林间自在啼"之感。李鱓此时也有两方印"臣鱓之印",

"臣非老画师"，可以看到，他以"臣"自称，却又不甘心只做一个老于宫墙之内的老画师，语气所带的全是仰仗着圣上宠幸而发声的傲气。颇似杜甫笔下的谪仙太白"天子呼来不上船，自称臣是酒中仙"。即便是酒醉之后，即使是一身傲骨，即使是天子呼喊，受到如此推崇备至的李白，也还需中规中矩地自称"人臣"。

所以李鱓也不例外，即使他对圣上有所欲言之词，自有不便明说的打算，但还是得先低眉顺目地俯首称臣。李白醉了也没有失去分寸，李鱓未醉更不能乱来，他清楚地认识到，眼前的一切都是皇帝赐予的，纵使自己有空前绝后的才华也不能恃才欺主，尤其是在专制主义达到了巅峰的清朝。

但是李鱓感觉到的压抑是挥之不去的，宫廷画风的呆板、工整使他厌倦。李鱓自己研习取法林良、徐渭、八大山人等人的书法画作，趋向于粗笔写意，这些画法与当时宫廷画派格格不入。于是，李鱓遭到了同僚们的排挤。他的艺术志趣已经与老师蒋廷锡相去甚远，师生之间的分歧越来越大。何况李鱓年少得志，难免受到周围的排斥，"才能颇为世所忌"，同僚之间都是"口虽赞叹心不然"。

李鱓曾画《小鸟站枝图》，画中李鱓似以小鸟自喻，大声呼道："锦禽耿介不可留，鹦鹉多言罹不测。"这里所说的"耿介"和"多言罹不测"可说是夫子自道，"耿介"的个性造成他"多言罹不测"，这是他离官的主要原因。又有人说李鱓是因为自己的政治抱负难以实现，不愿作为画师老死宫中，之所以选择离开，也是不无道理的。

康熙五十七年（公元 1718 年）李鱓"乞归"。这"乞归"一词其实是被逐出宫廷的一种委婉的说法。

"潇潇匹马出都市"，过早成名的李鱓，他的仕途也过早地夭亡了。民间对于李鱓被放逐有这样的传说：据说康熙帝生日这天，群臣献花。李鱓画了一幅鹰鸡图：苍鹰盘旋而下，气势骇人，地上的雏鸡仓皇四窜。这幅画引得皇上很不高兴。别人为李鱓说情，李鱓却执拗不理，直率而言，自己的画并不是为歌颂圣上所作。连皇上的面子都不给，李鱓只有被放逐出宫的结局了。

第三节　浪迹江湖归又去

从此李鱓浪迹天涯，卖画换米长达20年之久。就在李鱓已经经历了人生的大起大落的时候，"扬州八怪"的其他几位还在苦读经书，为科考做准备呢。用郑板桥当年的话说："板桥从不借诸人以为名。惟同邑李鱓复堂相友善。复堂起家孝廉，以画事为宫廷内奉，康熙朝名噪京师及江淮湖海，无不望慕叹羡。"李鱓出名最早，起点也极高，是公认的当时影响力颇高的画师。他离开北京便四处漂泊，居无定所，成为一名职业画师。

康熙五十六年（公元1717年），即离宫前几个月，李鱓在一幅画上题了"奈此秋宵不肯明，披衣起坐斗星横"，他的辗转反侧难以入眠，应该看作心情痛苦所致。离开宫廷后，他在画上题了"菊花开好亦嫌迟，索性无光黑煞时"。所题"无光黑煞"应该看作他心情的写照。

他不曾忘记在宫廷中的光辉岁月，尤其是在经历了江湖漂泊之后，在雍正四年（公元1726年）所做的《秋葵图》中，题诗："自入长门看淡妆，秋夜犹染旧宫黄，到头不信君恩薄，犹是倾心向太阳。"这里画家借用了汉武帝时谪居长门宫的陈皇后的故事，来表达自己的思想情感。虽然被排挤出宫，但依然念念不忘重返宫廷。所以其实李鱓心中一直有着对于仕途的渴望，对皇恩浩荡的感激之情，时刻准备着可以在某个官职上掌舵扬帆，施展才华。

然而落拓江湖的这 20 年，用郑板桥的话形容最合适不过："声色荒淫二十年，丹青纵横三千里。"这 20 年，李鱓生活颠沛流离，所幸的是，李鱓与朝中大吏并无芥蒂，不存在什么利害关系，所以倒也没人难为他。只是李鱓因为"文字狱"的缘故，诗集作品已经不复存在了，十分可惜。今天我们能看到的李鱓诗歌作品大多是随书画作品真迹保留下来的。顺便提一句，因为郑板桥的后人将《郑板桥集》的违碍之处删改重组，所以才逃过了"文字狱"的劫难。

从存留至今的作品的题诗来看，李鱓 20 年中大致游历的地点有东淘、石城、扬州、赵家庵、草马庄、日永庵、湖州道中、吴陵、都门定性庵等处。以年代排列，几度扬州，又几度京城，中间则辗转于河北、山东、浙江一带。李鱓浪迹江湖期间曾数次驻足扬州城府，寄食僧舍、道院，卖画为生。同时结识了一批声同气应的好友，一同切磋论道。

李鱓当时在扬州的名声已经很响，年轻的郑板桥还曾在此期间请他赐教。也就是在扬州，李鱓看到石涛的作品，心仪手追，从中受到很大启发，并逐渐转变为豪放风格，向泼墨写意方向发展，形成了自己的风格。

前文提到李鱓在雍正四年所作《秋葵图》表达了自己渴望重返宫廷的念头，如今康熙皇帝已经驾崩，新帝雍正让他产生了一些幻想。

命运依旧垂怜着李鱓，如其所愿，雍正八年（公元 1730 年），四十五岁的李鱓得以重返宫廷。辛亥之年，即雍正九年（公元 1731 年），李鱓在数幅画的题诗中都有"小草有心知择地"

的句子。这次进入画苑，李鱓被指定随刑部侍郎高其佩学画。

宫廷画苑的作品是要进呈御览的，要受极严格的约束，题材、设色、题款，都有限制。但是李鱓秉性不改，还是十分自我，他没有一味地讨统治者欢心而摹古，从事工整严谨的绘画，以自己的绘画理想放笔写意。十月，他创作了一幅《松藤图》轴，此图是李鱓写意画的一幅代表作，体现了他以抒发性情为个性的画风，他以精练的笔墨抒发出内心的郁积情感，所谓状物写心，兼而得之者也！

"漫惊笔底混龙蛇，世事谁能独起家。松因掩映多苍翠，藤以攀高愈发花。雍正八年十月，李鱓写。"李鱓好像在表现自己再次步入宫廷的得意之情，就如这藤萝攀松，花发高枝一般。

李鱓在画苑成为颇得宫廷器重的画师，声名日益扩大，但是一些摹古画师总是以主流画风自恃，对李鱓进行打压和排挤。而李鱓的画风业已形成，他也不会从头再来。虽说雍正皇帝用人之道与康熙大不相同，可是两朝的艺术欣赏趣味完全相同。

李鱓在雍正十二年（公元 1734 年）的《蕉荫鹅梦图》中有过清楚的表述。他说："廿年囊笔走都门，谒取明师沈逸存。草绿繁华无用处，临行摹写天池生。"就这样，他又一次离开了宫廷，毅然决然地去开辟属于自己的一片绘画天地，从而成为清代画坛上开宗立派的人物，他的作品对晚清花鸟画有着很大的影响。据有关资料记载，其作品至今仍有五百多件被收藏家收藏。

第四节 为官两余载，来去何匆匆

再度离开宫廷的李鱓在扬州卖画为生，毕竟比不上宫中衣食无忧的日子。雍正帝在位不过十三年，时光弹指间倏忽掠过。乾隆皇帝登基，李鲜天生带着小冲动情绪的心脏再次怦怦然跳个不停……

新帝登基，李鲜再次兴起"一官聊以庇其身"的念头。年过半百的李鲜感觉自己像是一口春心荡漾的古井，再也耐不住这坊间画师的寂寞生活，他还要试一试，他觉得自己"即今士气腾如火"，迫不及待地在乾隆元年（公元1736年）重访京师，以举人资格通过会试"检选"而重谋仕途。一路走来，一如既往地顺利。

会试合格后，李鲜得到了吏部张公的保举，除授山东青州临淄县令，一切都像安排好了一般，命运总是为他做足了准备，仿佛只是静静等待到来一般。赴任之前，他感觉自己不必再当画师了，也不必再为生计发愁，这一切都是那么美好。题诗道："画尽燕支为吏去，不携颜色到青州。"燕支即胭脂，青州，即临淄。

李鲜认为自己终于可以在政治上有所作为了，他要实现自己的抱负，要干出一番丰功伟绩。不由得仰天长啸一声："我李鲜再不是个江湖画师了！"便兴致勃勃地走马上任，前往山东了。

乾隆二年（公元1737年），李鲜正式出任山东临淄知县，几个月后又被调到藤县任知县。

李鲜为官疾恶如仇，力图除暴安良。藤县民间至今还流传着一些关于李鲜为百姓主持公道的故事。

一则故事说，李鲜夜间私访，发现一户传来石磨声，心生疑惑，这么晚怎么还有人碾磨呢？一看才知是一对光着身子的夫妇在磨豆腐，他大吃一惊，心中好生奇怪。第二天便将夫妇传上公堂，质问他们为何如此轻佻有伤风化，竟然不穿衣服。几番询问，他才得知是由于本县的富人盘剥甚重，以至于穷苦百姓根本没有换洗的衣裳可以替换，即使到了深夜，还是要不眠不休地为地主富户劳作。

李鱓决心惩治这些吸血鬼一样的富人，于是派人去富户开的粮行买两斤白面回来。买回来当众称重，果然不出所料，这白面不够斤两。李鱓借机大做文章，处罚富户一笔银子，交到推磨的这户穷人手中，以活其家。

还有一则故事是说，藤县有八大户，有钱有势，是不好惹的地主。他们在县里欺男霸女，作恶多端，见新任县令是个南方书生，不由分说，便派其爪牙来县衙闹事，结果李鱓找了借口将这帮乌合之众狠狠地痛打一顿，煞了八大家的威风。

李鱓在两次任知县期间，为政都非常清简，深得民心。《临淄县志》的《名宦志》上有李鱓的专传，称他"口碑在人，风流蕴藉"。清朝三百年中临淄共有知县 80 人，被收入《名宦志》并列有专传的仅有 18 人，可见李鱓在临淄的影响。《滕县志》载：李鱓在滕为县令一年有余，"为政清简，士民怀之，忤大吏罢归"。李鱓为县令，前前后后，一共两年半。后于乾隆五年（公元 1740 年）二月罢归。

李鱓被罢免之后，在山东滞留四年有余，往返于藤县、历下、弯德、泰安、崮山、崇川各地。他的心情很低落，五十五岁的李鱓已经不再精力充沛，也不再野心勃勃地要争取功名、成为达官显宦了。郑板桥当年在京师遇挫，铩羽而归，回到扬州写《道情十首》，通过道家"无"的思想来排遣忧思。此时的李鱓也是如此，被世俗所排挤，深感失落，于是吟诗"听雨听风听不得，道人何苦画芭蕉"，以解落寞之情。

第五节　薄宦归来

乾隆九年（公元 1744 年）春节前夕，李鱓风尘仆仆地返回兴化。兴化老家水田千亩，过去家资丰厚，但是由于"两革功名一贬官"，花费甚多，此时倦游归来，一家人的脸色都不好看。这样的日子是很难过的。每每此时，李鱓便念着过去为宦做官时的轻松优越。人总是无法估测出回忆的理想，过去不好的回忆会渐渐模糊，而好的回忆会不断加强，仿佛昨天的经历一般，历历在目，意味悠长。所以，不甘寂寞的老年李鱓又有了题为"出山之恩"的作品，想重新跻身官场，作"为入都之计"的打算，但没有成功。后来便安心作画，笔耕不辍，直到终老。

李鱓在扬州的地位还是比较高的。郑板桥曾说："索画者必曰复堂，索诗文字者必曰板桥。"说明扬州绘画市场对李鱓的画认同度很高。乾隆二十年左右，李鱓的收入是"岁获千金，少亦数百金"。

李鱓的人生经历自始至终都没能逃脱"绘画"对其的影响，是绘画让他年少成名、入值宫廷，又是绘画让他两次被革除科名。"绘画"这项"末技"像一条若隐若现的线贯穿于李鱓的人生，时不时收紧一下，让他通过痛觉感知它的存在。

对于"绘画"李鱓是爱恨交集的，在小时候，他就被灌输"以画求贵"的思想，绘画便成为一块敲门砖，一种工具。若是能助力自己飞黄腾达自然是最好的，但是李鱓最终还是沦为了江湖画师，他或多或少地有些鄙视自己的画师身份。

在罢官回到扬州的时候，已经年逾花甲的李鱓有过再入京师、重获恩宠的想法。但是，仍需要靠卖画维持生计。李鱓此时就是地地道道的一个画师，但是他常常羞于谈起自己是个卖画的。他写信托在杭州的侄子为其选购88支好笔，除了关照他说要去有"张老娘"招牌的店里去买，还一再要求侄儿"万万不可提起是老夫所需之物"。

"以画为业则陋"是他的信条，但是在乾隆十二年（公元1747年），李鱓开始用一方"卖画不为官"的印，看来他已经对仕途彻底失望，打算正大光明地将画作卖出去。

薄宦归来，李鱓笔力纵横，在他人生最后的二十多年里，李鱓把更多的精力放在画艺上，不仅卖画为生，也托画寄意，抒发胸中块垒。六十岁时他题两首诗于画上："薄宦归来白发新，人言作画少精神。谁知笔底纵横甚，一片秋光万古春。""自在心情盖世狂，开迟开早亦何妨！可怜习染东篱菊，不想凌云也傲霜。"看破荣利，心情自在，笔墨纵横，正是这一时期李鱓思想艺术的写照。

"余薄宦归来，空囊如洗。糊口砚田，终日埋头笔墨，以画为业，可概也。"李鱓坎坷的一生就此湮灭在了繁华喧闹、人来人往的扬州街道之中。

第四章　知我平生清苦癖，清爱梅花苦爱茶
——汪士慎传

　　"扬州八怪"多是扬州人，也有籍贯外省，于扬州长期卖画的"外地人"。比如汪士慎（公元1686—1762年），他与八怪中的另一人——罗聘是老乡，都是安徽歙县人。罗聘祖籍歙县，后来迁居扬州。

　　汪士慎出生于清康熙二十五年（公元1686年），字近人，号巢林、左盲生、甘泉山人、七峰居士等。寓居扬州，终生布衣，一生清贫，不求名利，以卖画为生，是一位艺术天分较高的人，诗、书、画、篆刻都有很高的成就。

　　"扬州八怪"都是命途多舛的文人，汪士慎尤甚，他是八人中最为不幸和坎坷的一位。

第一节　科场失意

　　安徽歙县是著名的"程朱阙里"，士子文人尤多。这里崇尚儒学，唐宋以来文风炽起，文运昌盛。宋朝硕儒朱熹称此地为"文公道学"之邦，即便是只有十户人口的小村子也可以听到诵

读经书的声音，学习风气很浓厚。即便是在远山深谷之中，也不难找到学识渊博的老师。歙县每科中举人数，常常可以与别的一个省的中举人数相比。整个县城对书本、对知识、对文人的尊重程度，在其他地方是不多见的。

汪士慎坎坷的一生从降生之日便已注定。他一出生，就逢家道衰落，生活困顿。汪士慎排行第六，因此他的朋友、亦为扬州八怪之一的金农时常称他"汪六"。汪姓是徽州第一大姓，歙县民谚说"新安之族汪为著"，又说"十汪九歙"。所以徽州汪姓所出名人极多，仅与汪士慎同时代又同为"士"字辈的以学问或书画名世者，有史可查的就约有百人之多。

汪士慎的青少年时代是在歙县度过的，先在富溪的"社学"开蒙，然后入村中"芦江书院"就读，后又去当时徽州最高学府"天都书院"深造。曾与新安绘画名家渐江的朋友——大商人"丰溪吴氏"的后人吴蔚洲（生卒不详）等人同窗，当日徽州一府六县的青年才俊大都在此上科举前最后的"提高班"。

由此可知，即便家庭状况并不宽裕，但是在重文教的歙县人的观念中，还是将供孩子读书放在首位。因此，汪士慎很早就在歙县接受了十分完备的儒学教育。

早年的他也怀揣一颗要考取功名的热忱之心，积极备考应试。"安期如可遇，招我入烟岑。"有青年才俊之称的汪士慎有着建功立业的远大抱负。唐太宗李世民为怀念当初一同打天下的众位功臣，命阎立本在凌烟阁内描绘二十四位功臣的画像，悬挂在四壁，作为纪念。汪士慎也想今后被悬挂在"烟岑"，受人礼拜。

但是汪士慎似乎并不擅长制艺文章：康熙四十八年（公元1709年），仅歙县一地就有六人中进士，此年汪士慎二十四岁，没有中；康熙五十一年（公元1712年），歙县又有四人中进士，此年汪士慎二十七岁，没有中；康熙五十四年（公元1715年），歙县又有数人中进士，其中包括邻村举人凌如焕，也中了进士。这个从前和汪士慎情同手足的玩伴，已经不再是可以随随便便一起游玩一起嬉笑的朋友了，而自己还是一个连小小"秀才"都不曾考中的童生。那一年，汪士慎三十岁，功名全无的他第一次感到了失落和忧虑。

"江上青年友，高怀颇激昂。买书供夜读，对客重清狂。"和朋友们一起读书应考的日子是难忘的，曾经的"江上青年友"大都折桂蟾宫，离他而去。韶华易逝，汪士慎还来不及回味，他的青春时光便悄悄溜走，只剩一条若有似无的小尾巴了。

康熙年间，以科举取士存在着明显的弊端，除了八股束缚士人的才思之外，裙带之风也日益明显。康熙皇帝曾对大学士们说："今年会试所中，大臣子弟居多，孤寒士子未能入彀。欲令人心服，得乎？"由此可见，他对当时科举考试中徇私舞弊，不能遴选德才兼备的人才而深恶痛绝。当天晚上，他挥笔写了一首《为考试叹》的诗："人才当义取，王道岂纷更。放利来多怨，徇私有恶声。文宗濂洛理，士仰皆模清。若问生前事，尚怜死后名。"

但即便是皇帝出面纠察，胆大包天的贪官污吏还是会铤而走险，徇私舞弊。科场舞弊案，一件接一件，一案比一案恶劣。科举考试的公正公平度已经每况愈下了。除了按期参加科考一无所获的十年落第经历，汪士慎收获的是和徽州书画家一起游玩时学到的书画篆刻和一身狂放不羁的名士作风。

"终年焚香坐，三年冷壮心。闲情当日少，诗味近来深。残月窥孤剑，酸风入破琴。纵知经世苦，无复羡淮阴。"淮阴侯韩信读书勤勉，苦求功名，最终得以出将入相。可历经三次科场失意之后，汪士慎看透了科举考试的明显弊端和主考官吏的徇私放利，无心效法淮阴侯，决意不再皓首穷经地困于场屋，毅然跳出功名利禄的羁绊。

"不羡冲霄鹤，雄心伴睡猿。自烹古井水，深闭落花门……"

康熙末年到雍正初年，是歙县举子中进士人数最多的时期，但是汪士慎选择了急流勇退，决定专心艺事，不问仕途了。他当时"艺人"与"志印"的两方印章，说明他已立志接过徽州画学及印学之衣钵，职业作"艺人"了。

歙县旱涝灾害十分频繁，汪士慎早年在歙县经历了多场水旱灾害。直到有一年，山洪暴发，冲毁了大坝，古人称之为"发蛟"：三更蛟起天深黑，万家悲哭声呜咽……人人号泣呼天公。夜里的山洪如猛兽一般咆哮而来，堤岸被冲毁，泥沙石块从山上奔腾而下。

汪士慎慌忙从茅屋中跑出来，看到村子里的人都携家带口地出逃，他掉头进门将熟睡的家人叫醒，那一晚雨声很密，雨点很大，没有雷声，到处是众人的惊声尖叫。山洪越来越大，裹挟着越来越粗壮的树木，覆盖着接连成片的村落。

因父母年岁已大，腿脚不便，汪士慎决定让其他人先走，自己一会儿背起老人小跑，一会儿挽扶老人寻路……雨越下越大，渐渐视线都已模糊，一个大的泥浪倾泻而来，一排房屋如摧枯拉朽般倒地。汪士慎和父母被木石击中……这场变故夺走了他至亲的父母，家庭顷刻冷落凋零，家室化为乌有。"全家未老重泉隔，遗像如生四壁寒。""年年有病怜诗瘦，夜夜留灯照泪红。"汪士慎由悲生恨，独守空屋，对灯垂泪思念往事，这满心旧事便是指家人遭遇的不测，可以体会到，他一直没能走出阴影，也一直处于深深的自责之中。

汪士慎有一个很怪的特点，集中表现为不愿提起自己的早年经历。比如他少言寡语，对于家乡之事从来闭口不谈；他的画作也不像其他画师那样刻意将自己的籍贯添在落款中，汪士慎在画作中，常常写着"富溪汪氏"，有时写"溪东外史"，令人摸不清底细。

第二节　茶仙居扬

放弃科举、失去亲人的汪士慎已经经受了这般磨难，对命运不再奢望，但是眼下的生活还得继续。汪家并非世家亦非商贾，目前最打紧的事情莫过于谋求生路，养活一家。

扬州是一座文化气息很浓重的城市，不论是有钱官家或商贾富豪，多喜好书画诗文。并流传这样一句话："堂前无字画，不是旧人家"。在这样的人文环境中，汪士慎希望获得可以发展的好机会。于是他携家带口地来到扬州，投奔老乡。安徽歙县过去因山多地少，人口较稠，外出经商者甚众，形成了很有声势的"徽帮"。

当时在扬州专营两淮盐务和在国内经营典当业的多为徽商。汪氏家族是个大族，汪士慎的亲友中不乏显达之人，其中有大吏，也有富商，更有学识出众的文人墨客。而扬州同乡颇多，徽俗重宗族睦乡谊。所以初到扬州的汪士慎靠朋友的接济清贫度日，此后便一直依靠出卖字画维持生计。

不久，他认识了活跃于扬州画坛的金农、高翔等画家，同时又结识了扬州盐商兼书画古玩收藏家马氏兄弟，即前文提到的马曰琯与马曰璐。自从马氏兄弟认识了汪士慎以后，发现他虽然家道清贫，但在书画诗文方面都极有才华，便把他安排在自家的

"七峰亭"。这个亭子，原来是马氏兄弟在家接待文人墨客的一座"沙龙"。汪士慎来后，马氏兄弟请人将这座亭子整理成住房，让汪士慎一家住在这里。由于这座亭子的四周散布着七块巨石，像七座山峰，因此，汪士慎将这一新居命名为"七峰草堂"，并自名"七峰居士"。

渐渐地，汪士慎与众画友及盐商处得很熟，之后声名也渐渐兴隆，画也越卖越好。十年左右的时间，他艰难地存下了一点积蓄，生活条件也逐渐好转。

五十二岁那年，他在扬州旧城的北面买了一处单门独院的旧屋。欣喜之下特地画了一幅《移家图》，金农、厉鹗等名士都题诗祝贺。这间旧屋分外雅静而古朴，堂前有"青衫出短墙，修萝垂古屋"和那桐树成荫梅花成行的景致。由于堂前有青杉参天，浓荫蔽日，故又将此称为"青杉书屋"或"青杉旧馆"，后因古杉不幸为风折去，而"补种疏梅"，于是又将此称为"梅花庭院"，并在院南补栽岭上青松。曾自叹曰："我衰难共老，化鹤定来看。"

汪士慎自述其一生有两大爱好"清爱梅花苦爱茶"。

汪士慎的家乡歙县坐落在黄山脚下，是我国有名的产茶区，即茶圣陆羽在《茶经》中提到过的"敦州"，这里名茶荟萃，像黄山毛峰、休宁松萝、太平猴魁、祁红、屯绿等都是驰名中外的名茶。百姓也有许多以种茶为生，且饮茶风习浓郁。汪士慎生于这样一个茶乡，自幼便耳濡目染，饱受茶之熏陶。

汪士慎爱好饮茶近乎癫狂，"饭可终日无，茗难一刻废"，宁愿一天不吃饭，也不愿意不喝茶，他自嘲是"嗜好殊能推狂夫"。由于汪士慎爱茶至极，朋友们有时干脆称其为"茶仙"，汪士慎有时也自称有"茶癖"，朋友们也说他"癖如卢"，即像唐代卢仝那样爱茶。

汪士慎饮茶，量大得惊人，他自己说是："一盏复一盏"，"一瓯苦茗饮复饮"，一天要饮数十杯，从早到晚，总是一杯在手，"日日吸茶写梅花"。平日家中客至，他也是以茶代酒，"客至煮茶烧落叶"，"清荫设茶宴"，"煮茗当清遵"。

有一次他的朋友姚世钰去他家做客，不知从哪里搞来一包"杼山野茶"，请其前来共品。汪士慎一见便迫不及待地亲自动手烧水冲泡，来不及等茶冷，热气腾腾中就是一大口，才入嘴便大喜过望，连声称好，认为此茶是其饮过的所有茶中极具韵味的一种。这时他便不再一盏接一盏地喝了，连大灌一口都舍不得，只见他无比怜爱地端起茶杯，一小口一小口地呷茶。细细品味，沉醉其中，倒将身旁的好友都晾在一边了。事后还念念不忘，专门写诗说："莫笑老来嗜更频，他生愿作杼山民。"

一年秋天，一位友人送他一包"阳羡茶"，他异常高兴。因为此茶名气很大，有"天子未尝阳羡茶，百草不敢先开花"的佳句，是贡茶。汪士慎便马上搬出竹炉茶具，打扫尘除、窗明几净，自煎自尝，细细玩味，通宵达旦，如痴如醉。后不觉文思泉涌，乘兴作了一首《阳羡秋茶》，曰："封褪精谨重灵芽，题处荆溪秋焙茶。铛里松声生活火，杯中藻影泛轻花。通宵神静因无寐，几日吟怀别有涯。留取余芳供冷客，寂寥风雪坐山家。"他又将此茶留下一些珍藏起来，以待好友共品尝。可见他是一位厚道仁爱之人。

一次，好友苇村赠其一把时大彬制紫砂壶，汪士慎如获至宝，爱不释手，赶紧写了一首答谢诗云："感君持赠白头客，知我平生清苦癖。清爱梅花苦爱茶，好逢花候贮灵芽。"他为这把紫砂壶考虑良久，不知是该珍藏起来还是用来泡茶，最后还是抵挡不住名壶泡茶的魅力，每天一壶在手，边把玩边不时喝上一口，其乐陶陶。

除了对茶叶和茶具的偏好，汪士慎选烹茶之水也是特别讲究的。唐代以来，名士十分看重煮茶之水，有"从来名士能评水，自古高僧爱斗茶"之说。除了山泉、江水、井水之外，古人还以雨水、雪水煮茶，一般认为秋水为上，梅雨次之，秋水白而冽，梅水白而甘，甘则茶味稍受影响，冽则茶味得以保全。至于雪水，茶祖陆羽说，雪为天泉，属泡茶上等好水。

乾隆五年（公元 1740 年），汪士慎居于"广陵城隅"，虽日日啜茶不绝，但他感到美中不足的是此地无宜茶好水，总觉得缺了一味而闷闷不乐。汪士慎曾先后用过"甘泉山人"、"甘泉寄农"、"甘泉山寄樵"等雅号，说明他十分擅长鉴别泉水的优劣，对烹茶之水要求很高。

为了寻找宜茶好水，汪士慎有时四处访寻，一日他偶然听说同城焦五斗家有好水，是焦氏于隆冬大雪之日收取花枝上的洁净雪花贮入小口缸中而得的天落水。焦五斗知道自己的这个邻居很爱饮茶，便慷慨相赠，将这一瓮积在花上的雪水送给了汪茶仙。

汪士慎很高兴，说："舍南素友心情美，惠我仙人翦花水。"喜不自禁，于是立即生火烹茶。西风乍起，吹开一团烟雾，那是汪烹茶所用的薪火。独自坐在炉火前听着水沸的声音就好似叮咚作响的音乐，用这一壶雪水泡开阳羡茶，那种享受的感觉非比寻常："杉青月白空斋幽，满碗香光阳羡秋"。过后不久，他又向焦五斗讨要雪水。自知如此一来有些不太恰当，但是雪水煮茶的妙处实在是令他难以抗拒。于是他精心绘制了一幅画，名曰《乞水图》，不待墨干透便携往焦五斗家中，焦氏看着茶仙带着墨宝登门求水，感到哭笑不得，便又送给他一瓶雪水。汪士慎这才心满意足地回去了。

　　汪士慎甚至认为以雪水煎茶可以医目疾，他"茗饮半生千瓷雪"后，"即教双眼不沾尘"。这里所说的眼疾是乾隆四年（公元1739年），即汪士慎五十四岁时，患疾已久的左眼很快失明了，医生认为是他喝茶太多所致，要他赶快停止喝茶。医生说，嗜茶过度，则会气耗，会导致眼睛失明。对此，汪士慎大不以为然，他在《蕉荫试茗》一诗中说："平生煮泉百千瓷，不信翻令一目盲。"朋友们得知之后都劝他少喝茶或不喝茶，苦口婆心地劝他，同时四处替他寻觅能治疗眼疾的药。

　　好友姚世钰听说吃桑叶茶可以治疗眼疾，特地为之遍访觅寻，终于寻得少许，专门托金农亲手交给汪，并手书慰问。但是汪士慎却不领情，对于朋友们的劝说不仅不以为然，还"冷笑面向背"，对茶的迷恋痴心不改，认为饮茶可以"飘然轻我身，涤我六腑尘，醒我北窗寐"。即便真的是因为喝茶过多而导致自己失明他也"偏盲尚无悔"，如此固执的茶癖，令人哭笑不得。

　　汪士慎将饮茶作为生命的一部分，就是想用清冽清苦的茶水荡涤自己心中的烦恼。逐渐步入晚年的汪士慎已经感到岁月匆匆而人力实在渺小，对之后的日子不再奢求，只愿能有香茗陪伴，一饮而大呼痛快。

第三节　画梅圣手的晚年

　　到了乾隆年间，汪士慎迫于生计，不得不搬出旧居，"年来谋计拙，白头更移家，乞米难盈瓷，担书竟满车"。汪士慎迁居到扬州北城的郊区，在一间蓬窗小屋里住下了。汪士慎在这所茅屋里，布衣蔬食，品茗读书，写字作画，生活是安宁的。

　　最初，失明的左眼令他很烦恼，但是乐观的汪士慎也常常劝慰自己，不过是盲了一目，还有一目未盲便是上天的顾怜，不幸中的万幸。他坚持写字绘画，而且还刻了两方印章，一为"左盲生"，一为"尚留一目著花梢"。他想尽一切办法努力作画，希望画作能像之前一般不受眼疾的影响。江南多阴雨，他只有趁着白天、晴天，光线好的时候"挥毫仗小明"，不敢稍稍停笔，怕耽误了来之不易的天光。

自知有缺陷的人不仅加倍努力，而且很清晰地可以摸到自己的软肋，从而有针对性地加强或者尽量回避。譬如明知"剑短一分，险增三分"之理的武者还是选择了短剑，这样就可以让时时处于劣势的自己更加勤勉地练习，更加小心地过招。汪士慎自知眼睛不比别人敏锐，甚至有时难以把握尺幅构图和用料上色，但是他越发勤奋地练习，最终还是有所成就。

后人阮元说他："为人画梅，或作八分书，工妙胜于未瞽时。"可见汪士慎技艺更加精进，并未受到眼疾的困扰。他仍以"一目著寒花"的勇气，作书作画，去勇攀艺术的高峰。汪士慎这样说自己："淋漓扫尽墨一斗，越瓯湘管不离手。画成一任客携去，还听松声浮瓦击。"诗中对自己的画作流露出难以抑制的自负之情。即便是，有时作画经常连纸的正反都搞不清楚，眼前像是有什么遮挡一样，但还是能做到"妍媸任涂抹，心手尚纵横"。

明清两代至今，徽州歙县以出产上等梅桩盆景而甲天下。徽州的梅花盆景老干虬枝、式样繁多，深得文人雅士喜爱，徽州凡诗书之家无不户户植梅、人人赏梅。徽州书画家或诗人以梅为号者，多不胜举：渐江号"梅花古衲"，查士标号"梅壑道人"，渐江甚至要求在他死后墓前遍种梅花。

从小在这种浓郁的"梅文化"氛围中成长起来的汪士慎，画起梅花来自然是"胸有成梅"，得心应手。汪士慎一生以画四时花卉为主，但以画梅花为胜。他便专事绘梅，画法也另辟蹊径，以湿墨阔笔皴枝干，浓墨重笔点苔斑，于花梢出枝处尤为苍劲，从而形成了其绘梅的独特风格。

乾隆八年（公元 1743 年）冬天，在马氏小玲珑山馆中，汪士慎、高翔同绘宽大十幅的"梅花纸帐"，这"梅花纸帐"是绘在"轻于蛟峭薄若云"的螺纹纸上，此画完成，轰动了扬州城。

汪士慎常常在梅花图上钤"心观道人"一印，意思是，自己所作梅花时常是用心所画，而非用眼，难怪金农赞扬他盲于目不盲于心。尽管他的梅花画名满扬州城，但还是没多少人愿意去买这位眼睛失明的老画师的画。

一天，汪士慎在院中自娱自乐，描摹梅花。忽然听到一个熟悉的声音传来："汪茶仙别来无恙？"汪士慎不用回头便知道是老友高翔（高翔也是扬州八怪之一）来了。汪士慎招呼高翔坐下，并一如既往地亲自煮茶。

高翔今日造访一是看望汪士慎，二是要给汪士慎画一幅煎茶图，这是高翔的心愿。因常见汪氏手捧茶壶作诗、画梅花、习书法，其形象好似茶中亚圣卢仝，画此画的目的是记下他与汪氏的友谊。而且汪士慎"清爱梅花苦爱茶"，早为朋友们了解。盛情难却，汪士慎高兴地答应了。

谈话间，水已沸，汪士慎迫不及待地为好友沏茶。就像古人"献芹"一样，总是把自己最喜爱的东西送给最挚爱的人，表达自己最诚恳的情感，所以一把"芹菜"也能送给别人品尝，一如汪士慎此时手中热气腾腾的茶壶。想必高翔一边啜茶一边被汪询问茶叶味道如何，以期得到肯定的回复，也算自己的一片殷勤不是徒然。

高翔是个体恤朋友的人，不住地夸口这茶真让人心清目明，齿颊生香，两腋生风。汪士慎这才开怀，就像被哄着的小孩子一样得意。

见老友喜笑颜开，高翔便开始铺纸挥毫，不出两个时辰，汪茶仙的形象便跃然于纸上，随即又画了青衫，矮屋屋中还有三四人品茶。画面上，汪士慎虽然独目，却有一种清高洒脱，不同凡俗的气概。主人画梅花、烹新茶、客人品茶，洋溢着浓郁的山野人家气息，表现出君子之交淡如水浓于茶的高尚情怀。汪士慎看后十分高兴，便提笔在画上写下"煎茶图"三个大字。

乾隆十七年（公元 1752 年）汪士慎六十七岁时，他的另一只眼睛也看不见了。双目失明的汪士慎躺在小木屋里辗转反侧，眼前的一切都是黑暗无比的，曾经模糊的光亮和视线也已经不复存在。正是初春之时，春雪纷飞。窗前的梅花已经完全盛放，开得正俏。这些，都是身边的童子告诉他的，他听着小童的描述，已经干瘪的两窝眼眶流出些泪水。

夜深人静，汪士慎摸索着起身，他仿佛感到自己大去之日已近，他想用生命最后一点温度去感受一下雪花的冰冷，用尚未昏聩的嗅觉去感受一下梅花的清香。小童照例为他捧来一杯香茶，他站在院中，走到熟悉的梅花旁，香气入衣，他浑身战栗，为什么这么美好的景象只能通过回忆来感受？

汪士慎的一生都是在不幸中跌跌撞撞前行，无论是科场失意还是双亲离去，无论是穷困潦倒还是双眼失明，他都不曾低头，以昂扬的姿态为下一段旅程积极准备。如今，他感到了生命的匆匆和脆弱，亦有一份坚持了很久不曾放下的顽强。他流泪了，但不是因为害怕，而是因为寂寥雪野中的一束盛放的梅花。

他颤颤巍巍地返回屋内，走到案边，吩咐小童为他研墨展纸，双目失明的老先生凭借生命余晖里的最后冲动和热忱，提笔写道："雪屋夜寒甚，冰花结砚池。冷烟凝不动，霜兔未能驰。晓日烘犹薄，熏炉暖正宜。一时香满纸，挥洒忽淋漓。"这是一幅狂草书法，字体结构平稳沉雄，行笔厚重，一派阳刚大气，不减当年风格，而且多了些沧桑情韵。这非凡的力作，为世人所惊奇。

之后，他就在小童的搀扶下，怀揣着这幅独草大书，特地摸到卧病在床的金农家去。他要告诉金农，自己现在彻底瞎了，但是他还能写出这样的书法，不必为他担心，他不曾害怕。

汪士慎因为双眼彻底失明，不能继续作画了，深居蓬门僻巷，也不再有人打扰，请他作画。仅有"三四素心，时相过从"，友人们没有忘记他，仍不时带着茶叶来看望他。有一次，朋友们又送来一包产于普陀山的小白华茶，这使得汪士慎十分高兴，他不禁回想起自己十年前遍游吴越名山，寻访名茶佳茗的事，"瞽眼归来过十年，擎践往往忆芳鲜。齿摇发白不复去，草堂寂寞飘烟茶"。

丁敬曾经有诗赞扬汪士慎："邗江惜别十冬春，每忆茅堂满案尘。赵壹门闲时谢客，梁鸿灶热肯因人。饮安茗乳平生嗜，画断梅花宿世因。肉眼已无天眼在，好看万象又更新。"丁敬认为汪士慎虽然眼睛失明，但是画作神韵如故，就好似有"天眼""神助"一般。金农记道："汪六士慎，失明三年，忽近展纸能作狂草，神妙之处，俨然如双瞳未损时。知予卧病萧寺，自携大书一通见赠……相对终日，尘事俱忘。"

乾隆二十七年（公元1762年），汪士慎在他的城隅草屋中与世长辞，享年七十七岁。这位像梅花般一生疏淡的老人，也像梅花的一缕清香那样消逝了。

第五章　秋山明净人共尊
——高翔传

　　高翔（公元 1688—1753 年），字凤岗，号西唐，江苏甘泉（今扬州）人、晚年居扬州。与金农、汪士慎为友。工篆刻，善画花卉、山水。在"扬州八怪"中，高翔画流传最少，画格冲淡简静，疏朗幽远，并不受时风的影响。高翔晚年时由于右手残废，常以左手作画。其治印水准，品格亦高，其人善诗，著有《西唐诗钞》。

　　高翔是地道的扬州人，他住在扬州大东门桥的小秦淮河边上。扬州小秦淮的水并非来自南京的秦淮河，但小秦淮的名字一定是源于南京秦淮河。正如扬州小秦淮两岸的建筑酷似南京秦淮一线两岸的建筑，从某种意义上看，扬州小秦淮的万种风情正是南京秦淮河风情的再现。

　　沿河住户均枕河而居，大多单门独院，粉墙黛瓦，马头山墙，灰白墙脚线，偶有新建楼房则飞檐翘角，格扇花窗，古色古香的建筑和小秦淮河相映成趣。

　　据记载，高翔家位于一旧庵内，幽僻的环境和清长的钟磬声，都在小高翔本来活泼好动的天性中加入了一点僻静的因素。

"僻巷有修士，所栖唯一庵"，偏僻的深巷中，一处落英缤纷的庭院就是高翔童年所居之地——高翔给它起名叫"五岳草堂"。

高翔英才早熟，竟在青少年之际就结识了一位"大江以南当推第一"的大画家——石涛。

石涛，清初画坛四高僧之一，原名朱若极，乃明宗室靖江王之后裔。明朝亡国后，被迫剃发为僧，法名原济，号石涛，别号大涤子、清湘陈人、苦瓜和尚、瞎尊者等。石涛一生性喜交友，足迹遍布大江南北。纵观石涛一生，可谓才华横溢、独树一帜。他晚年在扬州定居，直到终老天年，这期间是石涛绘画艺术达到炉火纯青的阶段。巧的是，在高翔十岁时，石涛在离他家不远处建造了"大涤草室"，这为高翔进入绘画之门提供了良机和条件。石涛在扬州有诸多弟子，十岁的高翔为其中之一，石涛称与之相差近五十岁的高翔为"小友"。

据说宫廷画苑曾经请过几位很有学问的士人，和石涛谈禅论画，都被石涛说得哑口无语。后来，他们请极有学问的同门师兄来诘难石涛。师兄说："读上人《山川》之章，说山川脱胎于上人，上人脱胎于山川，不知何解？"石涛说："便是我从山川得其画，山川从我画中出。"那师兄狡黠地笑了，他指指壁上一幅石涛的画稿，又指指门外一大块乱石说："请问上人，山川能从这画面里出来吗？"那乱石是盐商运盐返程时，为了压船，从长江沿岸各省运回的。石涛沉吟片刻，说："能！"没过多久，在石涛的指点下，竟真的建造出了一座"万石园"。

《扬州画舫录》的作者李斗曾亲见过万石园。这园子过山有屋，入门见山，使人有误入深山之感。石头的堆砌极精巧之能事，大小石洞数百。过山以后，有樾香楼、临漪栏、援松阁、梅舫诸多胜迹。因为用石逾万，故名"万石园"。可惜的是，这座园子今天已不复存在了。

诘难的师兄并不甘心，他请出年逾古稀的师父。师父很轻慢地问石涛："上人在《一画》之章说，亿万笔墨，始于一画。那么请问：万石之园，是不是始于一石？"石涛说："无一不成万，无万不成一。"师父哈哈大笑，心中窃喜，等的就是石涛的这句话："大和尚以万石造园，不算本事。如能以片石造园，才能叫老衲佩服。"石涛想想说道："试试看吧。"不久，石涛带领匠人，建造了"片石山房"。这是一座倚墙而立的假山，奇峭逼人，俯临水池，下有石屋，运石浑成，符合山房命意。这座假山至今尚存，被园林学家陈从周先生称为"人间孤本"，是在今日扬州还可以看到的石涛的河下巨画。

这个故事还没有结束，师父无奈地摇摇头，最后，从深山中请出了他们的白须过胸的师祖。师祖翻翻石涛的画谱，问石涛："拈诗为画，画必随时，这是上人《四时》之章的要旨吗？"石涛说："画即诗中意，诗为画里禅。"师祖说："和尚作画，区分四时，并无难处。运石叠山，这《四时》之章就不适用了。"石涛笑道："贫僧叠山，源于画理，岂有不适用的？"于是，扬州又出现一处"个园"。园中分别用笋石、湖石、黄石、石英石叠成表现不同季节、不同色泽、不同形态、不同情趣的四组假山，"春山淡冶而如笑，夏山苍翠而如滴，秋山明净而如妆，冬山惨淡而如睡。"言语已经不能表达出园林之美了。师祖也只好哑口无言了。

然而真正让石涛名留青史的还是他在绘画上的成就，于山水、花卉、人物无不精妙。石涛晚年来扬州，在天宁寺落脚。寺中的老和尚听说了石涛的大名，想试试他的深浅，便问石涛："扬州景物，法师以为有何特色？"石涛说："唐人云：园林多是宅，车马少于船。果然如此。"老和尚说："扬州尚缺一景，不知法师可曾注意?"石涛说了一个字:"山。"老和尚笑了:"真是慧眼慧心。法师能不能为寒寺留点墨宝,也算是补偿扬州的无山之憾。"石涛也不推辞,欣然允诺。老和尚看看石涛答应下来了,一脸诡笑道:"不敢多劳。殿侧耳房,一房一幅,日画一幅不知可否?"石涛眉峰略微蹙,对老和尚点点头,算是勉强答应。待他走到屋外,东边数数,西边再数数:东边三十六间,西边也是三十六间。这偌大的天宁寺不愧是扬州八大名刹之首,光是留客居住的耳房就有七十二间。要在七十二天内画七十二幅形态各异又不失水准的山峰图,即便是功力深厚的老画师恐怕也有感笔力不逮。

第七十三天,大家都想来看热闹。只见天宁寺上空云霭缭绕,缭绕的云中似有山峰若隐若现,扬州无山,众人皆知。不仅如此,飞瀑泉流之声也从四面八方传来,大家闻声而寻,发现都是从耳房传出。七十二座山峰矗立在眼前,山水环绕,鸟语花香,看得众人如痴如醉,没有一个不佩服的。其中有个少年,他深深折服于石涛的画技,暗下决心,要拜师学艺。

石涛作画时,这位少年一边磨墨,一边悄悄地观察老和尚的运笔。这位少年就是高翔,他长得清瘦,十分腼腆。老和尚下笔时,他的神情总是十分专注。他们亦师亦友,情谊深厚。

高翔一心学石涛画法,最终得其真传。高翔曾为石涛制过印,石涛为了表示答谢,曾自书长诗以赠。其诗曰:"书画图章本一体,精雄老丑贵传神,秦汉相形新出古,今人作意古从新。灵幻只教逼造化,急就草创留天真,非云事迹代不清,收藏鉴赏谁其人。只有黄金不变色,磊盘珠玉生埃尘,凤冈向来铁笔许何程,安得闽石千百换与君,凿开混沌仍人嗔。"这首诗,与其说赞扬,不如说训导,但口气颇为客气,一个六十多岁的人,称年不满二十岁的后生高翔为"凤冈高世兄",真君子之风也。

石涛七十七岁去世时,高翔才十九岁,近十年的朝夕相处,他们结下了忘年之交。据载李斗在《扬州画舫录》中有过这样的记载:"石涛死,西唐每岁春扫其墓,至死弗辍。"石涛逝后高翔每年必扫其墓,以表达他对这位恩师的敬仰和崇拜。

以石涛辞世为界,高翔从此开始过着足不出户的隐士生活。高翔父名玉桂,字燕山,号竹屋,是江都贡生。屡试不中,终身也就是个贡生,没有做过一官半职。会作诗,有《秋轩诗草》。之所以高家住在庵中,就是因为高翔出生时,家中房产已无,属于无奈之举。

"匡床自在拥寒衾,卧听儿读妻织履"是高翔青年时代的生活写照,家境的清寒造就了他孤傲的性格,"避客年来高凤冈,叩门从不出书堂",不过这也使得他得以专心苦学诗、书、画、印。

据记载,高翔家的"五岳草堂"在扬州新城西北,不仅靠近石涛和尚的"大涤草堂",还与马氏兄弟的住宅相近,几乎是"两家老屋常相望"。汪士慎有诗云:"五岳堂上生清风,檐花石竹香濛濛。两深苔老户常键,二分月堕蓬蒿中。"

高翔的好友陈章家住北柳巷,马氏兄弟住在东关街,金农、高凤翰、罗聘也曾居住在扬州城的西北,他们常常一起研究书、画、篆刻。当时,高翔拜在石涛门下,得其真传,已经是扬州年轻的名画师了。马氏兄弟当然愿意结交这位青年才俊。高翔与马氏之兄马曰琯是"同庚",当时都是十五岁,趣味相投,情谊深厚;高翔与弟弟马曰璐交情更好。马曰璐把这位长他数岁的朋友当作自己的老师"烟云翰墨亦吾师"。马氏兄弟的热情好客和仗义疏财在本书中已经多次提到。

乾隆七年（公元 1742 年）正月十三，马曰琯邀请在扬州的邗江吟诗社诗友到小玲珑山馆聚会。这天，小玲珑山馆中张灯结彩，一派迎新春、观花灯的节日景象。众人坐定后，马曰琯邀请高翔吟诵集字怀念友人诗。高翔将过往邗上，与马氏小玲珑山馆有交情的诗人、画家、书家、奇人高士、翰林墨客，都写入集字怀人诗中，共朗诵了 120 首，从下午吟至华灯初上，创下了小玲珑山馆一人诵诗的最高纪录，一时间传为美谈。

高翔也正是通过马氏兄弟逐渐结识了一众声应气求的好友，其中有一个人成为高翔的生死之交，他就是汪士慎，史称两人为"梅花二友"。汪士慎是安徽歙县人，来扬州以后与高翔相识，由于二人对艺术和人生有共同见解，这两位性格孤僻，很少与世俗交往的画家，从萍水之交而成为密友，经常在一起吟诗作画。二人均爱画梅，虽然汪士慎更以画梅著称，有"画梅圣手"之称，但高翔亦为画梅高手。

正如金农所说，汪"画繁枝，千花万蕊"，高"画疏枝，半开鲜朵"，一是"管领冷香"，一是"抹红一点"，各臻其微。金农曾评价二人所画梅谓："良缣精楮，各臻其微。"梅的傲骨冷风正是画家风骨的象征。

汪士慎长高翔两岁，士慎喜茶，高翔好酒，一个为茶仙，一个为酒神，二人均为寒士布衣，而且都为人清高，平素清心寡欲。高翔和汪士慎一样，愤世嫉俗，视功名如粪土，一生未入仕。他们醉心于绘画与写诗的艺术世界，睥睨人世间的追名逐利。邗江吟社举办雅集，如有官员身份的人到场，他俩常借故缺席。

高翔与汪士慎相伴出游，诗酒酬唱，简直若合一契。

乾隆七年（公元 1742 年）元宵节前一日，高翔在小玲珑山馆朗诵他自作的《雨中集字怀人诗》，汪士慎击节称赏，作《试灯前一日集小玲珑山馆听高西唐诵雨中集字怀人诗》："细听子吟诵，琅琅山馆清。所怀多相识，入耳是新声。春雨得诗句，东风寄远情。今宵作餐会，花径已灯明"。

乾隆八年（公元1743年），高翔与汪士慎在小玲珑山馆合作绘《梅花纸帐》巨制，疏干繁枝，交相辉映，获得一致赞誉。唐建中、程梦星、马曰琯、马曰璐、厉鹗、方士庶、陈章、闵华、全祖望等都题诗于上，传为艺术史上的佳话。高翔与汪士慎、二马的友谊数十年如一日。

高翔与"扬州八怪"的其他画家略有不同的便是，他没有科考入仕的经历，更没有宦海沉浮的际遇，他始终如一地陪伴着古老的扬州城，生活和命运不曾跌宕起伏。高翔擅山水花卉，其山水画风来自于弘仁和石涛，高远旷古。

但石涛的宏大手笔深深地影响了高翔，画路宽泛的他一旦进行创作，动辄便是大幅全景的鸿篇巨制。他的山水画在弘仁意趣简淡和石涛纵恣苍莽的笔墨基础上，自出新意，加以变化，形成他清奇高古的画风。他的山水画以园林小景自成格局，用笔设色，淡雅出尘，富有韵味，笔墨洗练，构图新颖，风格清秀简静。

当时金石书画造诣很高的高凤翰曾在《褚千峰搜古遗文石刻记》记载了高翔的一些情况。有一个叫褚千峰的书商，是山西商人，以卖碑帖为主，来往于江淮间。褚氏有三十多种古刻，都是不常见的珍品，高翔便与他结识，从他那里欣赏到了上佳的字帖。高翔还将褚氏介绍给高凤翰，也是想帮助高凤翰接触更多好的字帖。高翔对书法一直以来苦心钻研，于此可见一斑。

高翔五十岁生日时，汪士慎为他作诗。汪士慎晚年双目失明，高翔则是右手残废，改为左手作画。高翔左手写字"字奇古"，可惜流传至今的作品不多。这两人惺惺相惜，相互鼓励，在生命最后的一段旅程里，相互扶持直到高翔先走一步。

马曰琯《哭高西唐》两首之一云："以我平生久，重君交谊存。深情难尽说，痛哭返柴门。"

高翔逝世于乾隆十八年（公元 1753 年），享年六十六岁。

高翔身后没有留下什么家产，儿子高增始终以授徒为业，日子很不好过。高翔生前，没有刻印诗集；死后，高增也没有为父亲刻印遗稿。

第六章　清贫一世，漂泊半生
——黄慎传

　　黄慎，字恭寿，一字恭懋，号瘿瓢子，又号东海布衣等。福建宁化人，生于清康熙二十六年（公元 1687 年），乾隆三十五年（公元 1770 年）八十四岁时尚在，卒年不详。自幼家贫，因无钱读书，遂随父自学，后父去世，为赡养慈母，放弃举子业的愿望，学画谋生。

　　黄慎是"扬州八怪"中杰出的人物画画家。

第一节　青年画师的成长

　　黄慎是福建人，家乡宁化位于闽江上游与江西的交界处，风景优美宜人。黄慎的父亲名叫黄维峤，字巨山，是一个颇知诗文的穷书生，但是科举不利、仕途无望。他腹中的学问无法转化为生活所需的柴米油盐，只能用来启蒙小黄慎。黄慎从父亲那里认字涂鸦，令人欣慰的是，小黄慎天资早慧，学起东西来总是轻而易举就能掌握运用，这也是父亲经常紧缩的愁眉得以舒展的一个理由。

黄慎在端午节出生，为家中长子，后来母亲又生下一双妹妹。随着家中人口的增多，黄维峤的负担越来越重，到后来家里揭不开锅，父母及子女已经养不起了。迫于无奈，在黄慎十三岁时，父亲外出湖南谋生，居然客死他乡。

黄慎在七古《述怀》中叹道："嗟哉父死洞庭野，我母鞠育如掌珠。"那一年黄家又添一丁，便是黄慎的小弟黄达，可怜的弟弟一出生便成了遗腹子。这年前后，两个妹妹也相继夭亡。连遭不幸，使这个家庭充满了悲凉的气氛，生活处于极端困难的境地。

父亲去世，可生活还得继续，家里的重担便统统落在为这个家庭生养了四个儿女的母亲身上。悲伤的母亲如今只有与大儿子黄慎和褓襁中的小黄达相依为命，小黄慎看着黯然失神的母亲，仿佛一夜之间长大成人，从此他也要学会勇敢和担当。

从此以后，母亲白天做女红还要上山拾柴作炊，晚上就着月光或点燃所拾松枝进行纺织。母亲曾氏，粗通文字，知书识礼，坚持要让黄慎学习书画，因为母亲看出来黄慎的天分和好学。

那时，母亲一边做针线活，一边督促黄慎读书识字，三更时黄家还传出一阵阵做女红的刀尺声和背诵诗文的读书声。每天天一亮，曾氏便让黄慎带着针线活到市上出售，生意好的话，能换得一二升米回家下锅，要是卖不出去，全家人就只好用野菜杂糠熬成的糊糊充饥了。母亲总是默默地观察老人和孩子的进食情况，先紧着他们吃饱，剩下的自己吃，很多时候竟会饿着肚子。就这样，她一边干活，一边督导两个儿子读书，不背熟不准睡觉。

黄慎永远不会忘记，冬天是母亲最难挨的时候。母亲因为给别人洗涤衣物，双手皲裂满是伤口，手上没有一块完好的皮肤，身上也只有一件薄单衣。这些苦涩的回忆都深深印刻在黄慎的脑海里，长大以后的他对母亲十分孝顺，极尽寸草之心报还母亲的春晖之恩。通过自己的努力来改善家人的生活一直是他的心愿。

黄慎回忆说："某幼而孤，母苦节，辛勤万状。抚某既成人，念无以存活，命某学画，又念惟写真易谐俗，遂专为之。"母亲见黄慎但凡手中有笔便能将眼前之物描摹得惟妙惟肖，十分逼真，便敏感地感觉出儿子在绘画方面的禀赋超群，就和儿子商量看他愿不愿去学。黄慎也很喜欢画画，最重要的是，当时画像也是门手艺，学好了就能养家糊口。因为当时的人都是靠画师将自己的容貌绘在纸上，以便百年之后供后人瞻仰。所以若能学好这门技术，也可以减轻家中的经济负担。可这种江湖画师毕竟不登大雅之堂，若不是生活所迫，当母亲的当然不愿让儿子去学为人画像这样的画技，而是会像所有书香门第家庭一样，培养孩子读四书五经，应试科考。

母亲含泪对黄慎说："儿为是良非得已，然吾闻此事非薰习诗书，有士夫气韵，一面工伎俩耳，讵足亲贤达，慰汝父九泉？"懂事的黄慎诚恳地点点头，表示自己很愿意学画，第二天就背起行囊，去拜师学艺。

黄慎十六岁这年，曾氏听说建宁县有画像的高手，便让他去拜师学艺。黄慎走了四天，爬山越岭来到了180华里（即90公里）外的建宁，寄居在萧寺。白天拜师学画人像，晚上临摹古人名画书帖，诵读四书五经。那时他和建宁画友宁荃一同习画苦读，每晚借着佛像前的烛光，读书作画到天明鸡啼。经过一年多的勤学苦练，黄慎的功夫迅猛长进，"已能传师笔法，鬻画供母"，算是熬出头了。

但在不久之后，已经掌握了基本画法和技巧的黄慎遇到了瓶颈，很长时间都没有再次取得进步，一直在之前的水平上徘徊。那段时期，黄慎情绪很差，经常莫名地发脾气，他自己也很苦恼。

母亲看着他日渐憔悴，心疼不已，便和他谈心。母亲告诉他不能只专心画艺，还要多读书，多思考，只有将读的书沉淀下来，才算是拥有了可以喷薄而出的内蕴。正是因为长期以来黄慎为生计而专工工笔人物，始终没能在文学修养上有所进步，才导致了后来终嫌谐俗，而灰心丧气自认不过是一个画匠而已。可母亲的一番话让他开始了新的思考。

一天，友人张钦容对他说："子不能诗，一画工耳，能诗，画亦不俗！"他想起母亲说过的话，自己也深感到："予自十四五岁时便学画，而时时鹘突于胸者，仰然思，恍然悟，慨然曰：'予画之不工，则以予不读书之故。'于是折节发愤，取毛诗、三礼、史汉、晋宋间文，杜、韩五七言及中晚唐诗，熟读精思，膏以继晷。而又于昆虫草木四时推谢荣枯、历代制度衣冠礼器，细而致于夔蝤蛇凤，调调习习，罔不穷厥形状，按其性情，豁然有得于心，应之于手，而后乃今始可以言画矣！"

茅塞顿开的黄慎开始如饥似渴地读书。从此，作画写诗齐头并进，融会贯通。黄慎二十来岁时，不仅画得一手好画，还写得一手好诗，当时的文艺前辈官亮工、吴天池、刘鳌石等人对他的才情激赏不已。

黄慎年虽少，诗画之名已渐显，经常得与闽中的"闻人"——前辈知名之士交游。

黄慎虽然只是一个年轻画师，却喜欢与社会名流交往。王步青《书黄母节孝略》："当是时，慎虽少，与游者多闻人。或一至其家，母尝拮据作供，心欲慎亲达人长者，盖至今无异焉。"这里说的闻人，当指同乡前辈吴天池、官亮工、张顺望等文人，也包括上杭诗人刘鳌石。这段记载也表明了即使黄家很穷，黄慎母子俩也会倾尽全力，招待贵客。

关于少年黄慎苦学不辍的事迹，在当地已经演变为民间传说代代相传：一天夜里，宁化三官堂的一个老尼姑做完功课时，发现一个赤脚的小孩子，坐在佛龛灯下。老尼以为是淘气不回家的顽童，便要轰走他。可见他一本正经地左手持书本，右手握瓦片，在地上写写画画，忍不住问他在做什么。孩子仰起脸，讪讪地回答："家贫无灯，特来佛前借光。"老尼很受感动，便为他又添了灯火，拨了拨灯芯，佛殿里马上亮亮堂堂的。孩子谢过老尼便迫不及待地读起书来，老尼在旁看他稚嫩的小脸上那双坚毅的大眼睛，顿时心生怜悯。便自作主张将后殿地藏王菩萨身前的判官笔送给这个孩子，免得他再用瓦片，以防划伤手指。小童接过那秃笔后，竟发现它变成一支可以作画写字的毛笔了。有了这样一支神笔，小童更加勤奋地习画，不多久便能画出栩栩如生的作品。待到长大成人时，这支笔已经是画鸟天上飞，画鱼水中游，所有纸上之物都好似要跃然纸上一般。

这个小童的原型就是勤奋苦学的黄慎。

白天作画，夜间从灯下刻苦读书，黄慎技艺大进。凡人物、花鸟、山水、楼台、虫鱼等，无一不能，但他并不以这些为满足。

有一次黄慎看着他所临摹的老师的作品说："吾师绝技难以争名矣，志士当自立以成名，岂肯居人后哉！"他废寝忘食地苦思冥想，以期突破樊篱自成格调。后来偶然看到唐代书法家僧怀素的草书真迹，那灵动圆转、神采飞扬的笔法，使他惊异不止。他反复揣摩，心摹手追，不能自已。

一天走在街上，黄慎脑子里还琢磨着书法绘画之事。忽然，他有所领悟，立即向街坊借纸笔作画，画成拍案大笑说："吾得之矣！"弄得满街的人都朝他投来奇怪的目光。这种把草书笔意运用于绘画的作品，"初视如草稿，寥寥数笔，形模难辨；及离丈余视之，则精神骨力出"。

光阴荏苒，岁月如梭，黄慎在二十六岁这年娶妻张氏。二十八岁时祖父母过世，"母子辛勤，送舅姑丧葬如仪"。此时距父亲去世已十有余年——这是历尽辛酸的十有余年。黄家的生活也有了新的变化，最大的变化是，一个成熟而优秀的艺术家将呼之欲出——在人生和艺术的历练中，黄慎的诗书画都达到了很深的造诣。

黄慎在家乡卖画，所得不多，而且平台有限，而他的志向不仅仅是做一个画师，他要成为一个闻名的画家。对于踌躇满志的黄慎来说，宁化虽养育了黄慎，可提供给他的舞台太小了，他就像当年的祖先一样，思忖着该如何走向更广阔的世界。同时他也要为家人过上更好的生活，为他的画作寻求更多更大的买家。

康熙五十八年（公元1719年），三十三岁的黄慎告别母亲妻女，离家出游，前后有五年时间。先游历了邻县建宁、长汀，然后西行，到过江西的瑞金、宁都、赣州，一路吟诗作画，结交当地诗人画家，诗酒唱和，其乐融融。

雍正元年（公元1723年），黄慎由赣州南下，穿越梅岭进入粤东，一边游历一边卖画，下半年返回赣州后，沿赣水乘船顺流而下，直抵南昌，结交了当地诗画家李仍，一同游览了新建县的诸多景点，两人论诗作画，相互切磋。

这年十月，黄慎从长江顺流而下，经过两三个月的漂泊，年底到达了南京，寄居同乡雷氏兄弟寓所，开始在这六朝金粉大都市卖画为生。

所到之地黄慎一边作画，一边饱览风景名胜，结识绘画朋友，观摩名家手迹。几年漫游的生活使他饱览了大自然的优美风光，接触了各地的民俗风情，这些都为自己的诗画创作积累了丰富的素材。

康熙六十年，黄慎得知南海县（今广州市）居然有位同姓同名的画家，遂更名黄慎（原名为黄盛）。雍正四年改字恭寿，取别号瘿瓢山人，并用木瘿刳制一瘿瓢，腹沿刻草书"雍正四年黄慎制"七字，口外沿尖镌小八分书"瘿瓢"二字。大家于是都叫他瘿瓢山人，或者山人。木瘿是树木外部隆起的瘤状物。有木瘿的树木难以成材，不好利用。木瘿的最大用途就是按照形状刳瓢，其实也相当于无用之物。黄慎取这个别号就是隐喻自己怀才不遇，抒发愤世嫉俗之情罢了。

第二节　惟见邗沟外，垂杨翠可亲

康熙五十八年（公元1719年）黄慎至扬州鬻画，人争客之。

扬州流传着有关黄慎谦虚学习的故事：在他刚到扬州时，有懂画的人看他的画劝他："工笔人物，古人画得好的甚多，人们也看习惯了，你再走这条路子，怎能出人头地呢？不妨走写意人物的路子。"黄慎听了，虽心里不太舒服，但觉得有理，便立即回乡，埋头苦练了三年写意画，自觉大有进步，于是二上扬州。果真他的画被大加赞赏。

不多时，有人提出："你是画写意的，但你画上的字体还写得过于端正，字和画不相称。"他领会了，又折返闽南练了三年的草书。当他带着字画三上扬州时，画名已大增了。

一回，一位读书人来买他的画，看后说："人物造型大胆夸张、落款笔势生动有力，只是画上只有年号，缺少诗词文章，似乎美中不足。"

黄慎不愧是虚怀若谷的人，他又束装归里，攻研三年诗文，在他四上扬州的时候，已是"诗书画"三绝了。

雍正三年（公元1725年）夏天，黄慎正式定居扬州。从黄慎第一次来到扬州，便以精湛杰出的画技征服了扬州画坛。从雍正三年到雍正十三年，黄慎寓居扬州十年，是他名噪大江南北的重要阶段。

一个从外省小县来的画师如何转身成为大画家？

首先，黄慎深知扬州是藏龙卧虎之地，但他没有妄自菲薄，也没有逡巡不前。优秀的作品自然是最好的出击方式，在他的渔妇图、贫僧图、盲叟图、仕女图、八仙图和山茶、芍药、石榴、桃花、蔷薇、萱草等花卉图面前，富有鉴赏眼光的扬州商人不禁颔首称赞，于是渐渐得到了大家的认同。

黄慎在扬州所画的最早的一幅画是扇面《金带围图》。宋代扬州芍药最出名，可与洛阳牡丹媲美，俗有"扬州芍药甲天下"之称。古人评花：芍药第一，牡丹第二，谓牡丹为花王，芍药为花相。因为它开花较迟，故又称为"殿春"。其中最名贵的芍药是"金带围"，花呈红色，有一条黄色晕纹围在瓣沿，犹如红袍束上金带。花不常开，据说花开就预兆要出宰相。

黄慎这幅《金带围图》的故事出自宋代沈括的《梦溪笔谈》：宋代的韩琦因与范仲淹、富弼、欧阳修等推行"新政"被贬出京城，于庆历五年（公元1045年）出知扬州。任职期间，官署后园有芍药一枝分四杈，每杈各开一花，上下红瓣，中间一圈黄蕊，称为金缠腰，又叫金带围。据说出现这种花，城内就要出宰相了。

韩琦感到很奇异，想再邀三位客人一起来观赏，以应四花之端。大理评事通判王珪、签判王安石，恰好在扬州，便都请来了。还差一位，就计划请州黔辖诸司使充数。第二天黔辖腹泻不能来，临时拉了一位过路的朝官陈升之（一说是吕公著）参加。四人聚会，各簪金带围一朵，甚为欢乐。后30年，果然四人先后为相，于是流传下"四相簪花"的美谈。

黄慎通过这幅画率先博得了扬州人民的好感。

自黄慎发愤苦读，提高了自己的文化素养后，他的绘画便呈现出另一种气象，那是读书破万卷之后的气质凝结出的内在美。他腹中的万卷诗书将他打造成非同一般的画师的同时，也赋予他与上层文人对话的资本。

江都举人马荣祖是黄慎好友，他在《送黄山人归闽中序》中描述黄慎在扬州的生活："得间辄从四方诸闻人赋诗。"这是什么意思呢？这是说他一有空闲就陪同各地来的名流游玩赋诗。在青年时，他就喜好交友，尤其是和名流交往，相互切磋讨教，受益匪浅而且名声也随之广传。

黄慎在扬州站住了脚，于雍正五年（公元1727年），他启程返乡，七月中旬回到宁化，往返3000公里，将五十八岁的老母亲与弟弟黄达一同接到扬州。

途经江西瑞金县（今瑞金市）时，遇到了著名画家上官周。这位同郡的前辈对黄慎颇为赏识，还专门写了一首诗记录此次会面，即《会瘿瓢山人于绵溪》："得意光阴容易过，趁心佳制不愁贫。"看来黄慎此时的日子还是比较宽裕的。

年底回到扬州后，黄慎一家暂居旅馆，第二年夏天迁往西北郊平山麓的三山草庐，后来又几次迁移，因为他声名日隆，虽润格不菲，求者依然甚多，"持缣素造门者无虚日"，一家人的日子还是过得不错的。在雍正九年（公元1731年），他甚至还纳了个叫作吴绿云的扬州美女为妾，老友郑板桥写了首诗送他："闽中妙手黄公懋，大妇温柔小妇贤。妆阁晓开梳洗罢，看郎调粉画神仙。"

黄慎的母亲在扬州住了数年，终因思乡心切，执意要求回家。黄慎根本没有把自己在扬州已经获得的盛名和地位去和母亲的愿望相权衡，随即果断地决定听从母亲的安排，速回家乡。黄慎一家人沿长江、赣水溯流而上，一路舟船劳顿，历尽艰辛，两年多后才回到故乡宁化。在漫长的旅途中，为了换取川资，黄慎不顾劳累，辛苦作画，不少佳作就出自这一时期。

乾隆二年（公元1737年）的春天，黄慎举家回到宁化，结束了他第一次在扬州12年的生活。当年离开故土时少年意气的黄慎，此时已经鬓染斑白，年过半百，心中无限感慨。一家人的生活重担又落在他身上。因为之前回乡的路上花费不少，所以他在家乡不得不一边授徒传艺，一边卖画为生。后出游长汀、沙县、南平、福州、古田、建阳、崇安、龙岩、南安、厦门等地访友、卖画，总不敢远离母亲，去更远的地方。

在此期间，他结交了许多平民百姓，挑夫、厨子、工匠、游僧、理发师都成了他的朋友。黄慎擅长人物、山水、花鸟，并以人物画最为突出，题材多为神仙佛道和历史人物，也有一些现实生活中的形象。这些形象多从民间生活取材，不少作品塑造了纤夫、乞丐、流民、渔民等下层人物形象，如《群乞图》取材现实生活，描写灾荒年中，乞丐们流落街头、受人欺凌的悲惨画面，表现出他对人民疾苦的同情。

关于《群乞图》的民间传说是这样：雍正帝要御封一名宫廷

画师，黄慎的老乡雷鋐（字贯一，号翠庭，雍正十一年进士。理学家。官至浙江学政、左副都御史，钦封太子太傅等）有意举荐，瘿瓢山人进京应试。其他人都呈上歌功颂德之作，唯独黄慎画了幅《群乞图》——"道旁饿鬼嗟嗟来，摇尾乞怜殊碌碌"，描绘的是灾荒年月，家乡寿宁桥头饥民饿殍惨象。

皇帝龙颜大怒，摔画于地。举世沉酣者，独醒有几人？高高在上的君王人主，哪个不爱阿谀奉承的马屁精！当然，这只是传说，因为实际上，黄慎一生并未进京。

画神仙佛道的大幅画如《醉民图》，用笔设色，泼辣大胆，于迷离扑朔中见形象神韵。

描绘文人生活的有《东坡玩砚图》，用笔迅疾，衣纹顿挫，线条硬折软结，墨工浓淡相间，人物轩昂、富有气势，为其成熟后的代表画风。

黄慎的诗"黄犊恃力，无以为粮；黑鼠何功？安享太仓"，"我欲推倒南山化为肉，倾尽东海灌漏口，大铺天下谢寒士"……均表现对劳动人民的深切同情，对社会黑暗的深恶痛绝。

在宁化有许多关于黄慎神画的传奇故事。如《梅花图》、《神鸭》、《神炭》等，都是表现画中物可以还原复活的故事，类似传说中的神笔马良一样。也就是说黄慎的一支"神笔"能描绘出传神的写真图，有时纸上之物会令人啧啧称奇。

黄慎的名声大震，居然传到了皇帝的耳中。雷鋐当时为京城学台，向皇上告假回宁化省亲，皇上亲自嘱咐他回来时记得拜访黄慎并带几幅"传神"的佳作回来。雷鋐不敢怠慢，一到宁化便赶到黄慎家中，转达了皇上的意旨。如此隆恩，黄慎竟满心不情愿，以各种理由推脱不允。雷鋐是官场上的人，为了保住自己的乌纱帽，他想尽办法，对黄慎软磨硬泡，终于在临走之前得到了黄慎的大作。急匆匆地赶赴京师。路上，雷鋐感觉有些奇怪，为何黄慎作画如此迅疾？莫非真是书画圣手？还是自己催得太紧，他随便应付了一幅？只记得黄慎大笔一挥即画成，到底是一幅怎样的神画呢？雷鋐想得心中十分忐忑不安，便擅自将画作打开，先睹为快。万万没想到，黄慎的画上居然只有一道粗粗的黑杠，旁边还题有"冬神木炭"的字样。这也算是画作？这种东西怎么给皇上看？难道黄慎当我们都是傻子？于是把画扔在路边，气冲冲地上路了。随从们悄悄将画收起，不敢让雷鋐知道。

到了京城，雷鋐将事情的原委说了一遍，皇上拍案呵斥，一则认为雷鋐连一幅画都弄不来，二则认为好容易弄来又擅自扔掉，真是愚蠢！雷鋐吓得连忙叩头。这时，随从们听说皇上想看这幅画，连忙从行囊中取出来。皇上一看，画上果真只有粗粗的一道墨迹，也是一脸尴尬，正要发火时，奇迹出现了。只见画上的黑杠逐渐变红，就像燃烧的木炭一样，而且还散发出热量来，寒冷的皇宫立刻温暖如春。屋檐上长长的冰凌都开始融化，水珠滴答滴答地落下来。皇上及满朝的文臣无不称奇道怪，连连说："神画，黄慎所作真神画也。"

但历史上对雷鋐的记载可不是这样的，真正的他官居高位，但对于寒士总是乐善好施。《清史稿》对他的评价是："和易诚笃。"黄慎还是个十分孝顺的人，最后也是因为操办母亲的丧事劳累过度而染病不愈去世的。

乾隆五年（公元 1740 年），黄慎来到长汀卖画，拜见了汀州知府王相。这个知府很赏识黄慎的字画，黄慎也创作了不少作品送给他，并借此机会提出为母亲建立节孝牌坊的愿望。

黄慎认为，母亲年轻守寡，在极度贫困中，上敬翁姑，下育子女，并能教导儿子自立上进，应该说是社会上所有妇女的楷模。母亲含辛茹苦地将儿女养大成人，其辛劳的一生值得用一座牌坊流芳百世。

王知府同意了，不过虽以官府名义树立牌坊，却要由黄慎个人出资。牌坊不是个人想建就建的，要由地方官上报事迹，朝廷派人审核，正式旌表，最后才能起建，其中有许多环节需要打点。黄慎二话没说，倾其所有。很快，一块节孝牌坊就在城北地带的花心街竖立起来了，横楣上镌刻着"旌表儒士黄维峤之妻曾氏"。据说此坊 19 世纪 30 年代末还立在原处，可惜现已无存，留下的只是黄慎对母亲的一片孝心。许齐卓曾写《瘿瓢山人小传》云："母节孝，为倾囊请于官，建立坊表。妻与子或至无以糊其口。"

为了建立母亲的牌坊，他卖画所得悉数用尽，家人妻儿常常因此断炊，老母亲看着养育成人的儿子如此孝顺也心满意足地离世了，享年七十六岁。黄慎悲痛万分，依照宁化客家习俗，隆重地料理了后事，治丧营葬，花去了家中所有的积蓄，以至于此后他不得不继续外出卖画。

乾隆十六年（公元 1751 年），六十五岁的黄慎又来到扬州。这里的景致还是那么熟悉和亲切，他在《维扬怀古》中说："惟见邗沟外，垂杨翠可亲。"多年不到扬州，新巢燕已不识旧主人，然而邗沟外的垂杨还是那样青翠可亲，不变的是对故人的一片深情。可是毕竟物是人非，有的老友离开了扬州，有的则撒手人间，令黄慎怅然而悲伤。

但那些尚在人世的旧日老友知道黄慎来扬，纷纷相互联络，重聚于亭台酒肆，在一起吟风弄月，诗酒唱和。两淮盐运史卢见曾的宴席、文园诗社的中秋酒会，高朋满座，文人齐聚，黄慎也参与其中，吟诗泼墨，留下了许多佳作。他还先后到如皋、南通等地走访文朋画友，乘兴而去，尽兴而归。

乾隆二十一年（公元 1756 年）二月初三，郑板桥发起文人雅集，每人各出百钱。黄慎、程绵庄、李御、王文治、于文浚、金兆燕、张宾鹤、朱文震，这些当时寓居扬州的名流们齐聚一堂。郑板桥即兴画了一幅《九畹兰花图》，并赋诗一首："天上文星与酒星，一时欢聚竹西亭。何劳芍药夸金带，自是千秋九畹青。"

在这期间，一件风流韵事发生在黄慎身上。据说黄慎去赴友人的宴请，见到酒肆隔壁的豆腐坊中有个美丽动人的姑娘。只那一眼，黄慎的世界便像是开满了盛世繁花一般喧闹。细打听，原来是店主之女，黄慎就把想将姑娘娶回家的决心坦露给人家。可是，黄慎此时并无资财，店主不允。于是他匆忙找来纸笔，挥毫泼墨，不一会儿就画了一个仙女出来。黄慎将画作装裱张贴在店门口，大家都来围观黄慎的画，画中的仙女儿简直就要呼之欲出了，"太美了，太美了……""不愧是神笔黄慎啊"……众人议论纷纷，交口称赞。一位大盐商将画作揭下来去找黄慎，出重金买此画。黄慎摇摇头，对价钱不满意，盐商便又很爽快地将酬金翻了一倍，黄慎还是摇摇头。盐商有些摸不着头脑，按说价格已经很丰厚了啊，这时黄慎不耐烦地说："钱数我不关心，我要这个姑娘！"说罢指着店家的女儿。盐商连忙去找店家商量。黄慎在一旁喝茶，任盐商和店家讨价还价，概不插嘴。很快，店家便同意黄慎将女儿带去纳为小妾。三方皆大欢喜，各取所需。这件黄慎的风流事迹也可以看出当时黄慎作品的受欢迎程度，以及他的浪荡不羁的性格。

在扬州一待又是六年。与郑板桥等人"各出百钱，作永日

欢"后的次年，乾隆二十二年（公元 1757 年），七十一岁的黄慎
在友人的劝说下，依依不舍地离开了扬州。又是一年多的艰难旅
程，黄慎在乾隆二十三年（公元 1758 年）春，回到了故乡宁化，
此时他已是七十二岁的老人了。

这时的黄慎已经有些微驼背，前额及头顶全秃，鼻子上架一
老式眼镜，胡须拉拉杂杂的，名副其实的一个糟老头。回到故乡
的黄慎，年事虽高，为了糊口还得卖画，同时也收了一些门徒。
这个可爱的老头，喜欢把他刚刚完成的作品拿给别人观赏，一边
拉着别人的手，一边喃喃自语说个不停，说着说着却忘了自己在
说什么，便环顾左右问他的学徒："我刚才说什么了?"

年纪大了的黄慎，往往画完一幅画，就酣然入睡。他的视力
渐渐衰退，但不影响他作画，大概已经到了闭着眼作画的地步了
吧。对用笔用墨的技法早已烂熟于心，所以即使视力下降，他还
是能迅速地画完。老先生每逢作画之时，边上都有好几层围观的
人。他们手里捧着纸笔希望老先生能给自己画一幅。众人纷纷索
要画作，老人也都乐呵呵地答应，一幅接一幅地画，乐此不疲。

读黄慎年谱，可以看到他七十九岁高龄时还要跑到永安去卖
画。不过，他年迈的身体还是很健康的，几次翻山越岭，步行二
三百里（合 100 公里至 150 公里）的路，到永安、建宁、武夷山
和长汀卖画都无大碍。罗聘有诗曰："自从归去武夷曲，日听仙
乐寻古春。"看来黄慎的晚年还是十分静谧悠闲的。

乾隆二十八年（公元 1763 年），宁化知县陈鼎收集了黄慎的
诗作，帮助七十七岁的黄慎刻印诗集，将他的 339 首诗编为《蛟
湖诗钞》四卷，为之作序，然后捐出个人的俸薪，刻印发行。

在当时刊刻作品是一件十分耗费财力的事情，作者一般都是
贫寒书生。所以扬州当时很多文人的作品都是由欣赏他们的大盐

商帮助刊刻的。一旦发行于世，文人便对资助者感恩戴德。依黄慎本人的财力，他肯定是无法刊印自己的诗集，只能任其湮灭，但幸好他遇到了一个爱惜人才且有眼光的知县。这样看来，陈知县不仅是为我们这些后人保存了黄慎的诗作，更是为宁化的文脉保存了生机。

也许是恬淡的晚年过于清寂，黄慎何时去世没有人记得。如今，他的卒年有很多说法，一说卒于乾隆三十五年（公元1770年），一说是乾隆三十七年（公元1772年）。不管怎么说，黄慎活上了八十，在当时算是很长寿了。这个常年漂泊的艺术大师最后还是悄然无声地在故乡去世了，葬在宁化县城北郊一座叫作茶园背的小山上。

第七章 波涛宦海几飘蓬，借园终日卖梅花
——李方膺传

李方膺（公元 1695—1754 年），字虬仲，号晴江，别号秋池，抑园，白衣山人，江苏通州（今南通市）人。

李方膺既不是扬州人，又不如黄慎、金农等久住扬州卖画。那么，他何以得厕身于"扬州八怪"之列？据考证，通州于雍正元年（公元 1723 年）前，还是一个属于扬州府的散州，李方膺于康熙五十七年（公元 1718 年）入学时，籍贯便是扬州府通州，所以他是广义的扬州人。

墨竹是郑板桥最拿手的绝技，但他在《题李方膺墨竹册》中，仍认为李方膺的墨竹"东坡，与可畏之"。连画墨竹的圣手苏轼、文同都"畏之"，可见评价之高。

第一节 父子衔恩遭际殊

李方膺出身官宦之家，好友袁枚称其为唐代名相邺侯李泌（非蜀汉李泌）之后，其六世祖曾任明户部郎中。李方膺祖上曾是仕宦门第，到了他的父亲李玉鋐这一辈，已经是一个半耕半读

的书香人家了。李方膺出生时，家境穷困。从小就随家人到田间劳作，"童孙未解供耕织，也傍桑阴学种瓜"。后来李玉鋐通过科举考试中了进士，从此走上仕途。历任两广及云南知县、知府，后转福建粮驿道，主管粮政、交通，两度任京官，再任福建按察使（正三品，一省司法长官）。

　　父亲李玉鋐在任福建按察使的晚年，命李方膺作一幅《三代耕田图》，画中李方膺扶着犁耕田，由一个小牧童牵着的一头大黄牛在拉犁，李玉鋐随着他们慢慢向前走动，在一旁和小牧童有说有笑。这个小牧童便是李方膺的儿子李霞。三代同耕，其乐融融。这也说明早年李家确实是以种田为生的。

　　过了十七年后，李方膺才想起这幅画来，小心翼翼地取出，临画吟思，感慨万千。于是追题绝句四首："披开不禁泪痕枯，辗转伤心辗转孤。十七年前漳海署，老亲命我作斯图。""半业农田半业儒，自来家法有规模。耳边犹听呼龙角，早起牵牛下绿芜。""老父初心寄此图，教儿从幼怕歧途。诸孙八九开蒙学，东作提筐送饭无。""父子衔恩遭际殊，涿州分路泪如珠。谆谆农事生灵本，三代耕图记得无。"这幅画，如今虽见不到了，但通过存下来的题画诗，极其形象而生动地描述了李方膺家田园生活的情景，十分真切感人。那为何李方膺会被父亲指派作画呢？是父亲想借机教育他一番，还是因为李方膺的画作十分出众呢？

　　当时李方膺的二哥李方韩是擅长绘画，通州王藻刻印的《崇川各家诗抄汇存》云其"善画，尤精于兰竹"。所以，在哥哥的引导下，李方膺开始接触绘画，并逐渐有所成就。李方韩也就成了他的启蒙老师。在其后的十数年间兄弟两人相互砥砺，良好的艺术氛围使李方膺在绘画上受到了极大的熏陶。因此他在二十一岁时就为自己的人生立下了目标："奋志为官，努力作画。"

　　李方膺的父亲李玉鋐是一个耿直、清廉的官员。在升迁云南楚雄知府后，他不畏当地豪强劣绅的势力，顶着巨大的风险，将其侵占百姓的七千余亩（合约五百公顷）民田悉数奉还百姓。无论在民间还是朝堂，他都是大家口中的好官。后升福建粮驿道台，迁福建按察使。

　　福建多山地丘陵，常常有盗贼聚众山中，为患一方。但是他们往往能凭据山地的险要，死守不出，令官兵无可奈何。所以之前的地方官组织多次剿匪均不能达到很好的效果。李玉鋐一边派人前往山中对盗贼进行劝降，另一方面，他深知"官逼民反"之理，减轻课税，发展生产。最终他说服了这些穷凶极恶的盗贼，只将三个罪大恶极的强盗头领处罪，其余的都放回乡里，安排他们种田去了。为此，百姓都称赞李玉鋐功德无量。

　　据《一经堂笔记》记载，李玉鋐在福建做臬台（司法官吏）时，半年不到即断狱一千多。"日勤案牍，夜则秉烛，至漏三下（即到午夜）"，这期间会有一个侍童在旁服侍李玉鋐，等公事办完，李玉鋐就会饮一杯酒，吃两个鸡蛋，然后才去睡觉。有一天，案件特别繁多，他已经连续看了好几个时辰，月挂中天，寒鸦栖于高枝，庭院里投下它孤零零的影子。只有一盏烛火映着李玉鋐憔悴的面容，没有处理完这些案件他是不会吃饭的。批阅案件时倒也觉不出自己的辘辘饥肠，但是侍童熬不住了，歪坐在椅子上悄然睡去。

　　忽然，李玉鋐听到有窸窸窣窣的响动，放餐食的桌上有两只老鼠想搬走鸡蛋，一个四脚朝天怀中抱蛋，另一只咬住伙伴的尾巴将其拖走，一转眼就躲进了墙角的鼠洞。李玉鋐哑然失笑，看着坐在一边酣睡的侍童，有心责怪却又不忍。这时，童子听到了李大人的响声，以为他办完公了，便要为他去端鸡蛋。可是一看碗中只剩一个鸡蛋了，童子有点傻眼："李大人明明还坐在案前，我还没服侍他用餐，他怎么会已经吃过了呢？"他满心疑惑地走到李玉鋐面前，神情疑惑，心中有些慌乱，不知怎么开口。

李玉鋐便故意板起脸来，问道："这碗中的鸡蛋怎么只剩一个了？是不是你这顽童自己偷吃了？"侍童吓得连忙摇头，可又说不出是怎么回事。李玉鋐佯装大怒，拍案呵斥："那你说说这鸡蛋到底去哪儿了？说不出来就是你偷吃的！""大人，我……我真的不知道鸡蛋怎么会少一个，我并没有……偷吃……""大胆！还敢嘴硬？你若死不承认，我今天可要重重罚你，交给那帮狱卒鞭笞你。"

童子"哇"的一声就哭了，擦着眼泪含混着说鸡蛋是自己偷吃的，求大人不要打。李玉鋐长叹一声："唉……就因为我要打你，你就把自己说成是偷儿，看来肉体的刑罚之苦会让一个人屈打成招啊。"于是李玉鋐开始质疑拷问这种断案手法到底是否合理，并亲自前往狱中问询实情，整合案例，总结出严刑拷打的诸多弊端，力图施行废除这种断狱方式的法规。但是沉疴痼疾已经积重难返，改革之路困难重重。年迈的李玉鋐身心交瘁，难以再继续下去，于是请求告老还乡了。

李玉鋐回到通州只带了两只大箱子，"囊无余财"。这两只箱子里装了很多蜡烛燃烧过后留下的烛根，大家都很好奇，老先生带这些回来是什么意思？

李玉鋐将家人儿孙聚集一堂，告诉他们这些烛根的来历。原来他在福建处理案件时，总是怀着悲悯之心，看到那些被困境所逼迫作案的穷人的案卷，就会同情他们的遭遇，有时还很自责，感到无比愧疚。所以他总是从轻处理，遇到可以免除死罪的就放过。每一次救活一个犯人他就存下一支烛根计数，以至于现在箱子中积攒了如此之多的烛根。

李玉鋐将这些烛根保存下来，为了教育自己的儿孙，为官待人要常怀悲悯之心。这些被人以为是装满了金银财宝的大箱子里的烛根，还启发了儿孙不要假公济私，中饱私囊。

李玉鋐为官清廉的名声广为流传，皇帝曾经亲自赐给他食品、貂皮、锦缎。袁枚在《李晴江墓志铭》中说李玉鋐"受知世宗"，而且雍正年间，李玉鋐被皇帝召见了三次，说明雍正帝对其十分欣赏。

李方膺一直以父亲为榜样，严于律己，年少时即有"琼林春宴马蹄空，天下英雄入彀中"的宏大志向。其父清正为官的思想也直接影响了他以后的人生道路。

雍正六年（公元 1728 年），雍正帝为更新吏治，实行全国荐才，李方膺以"贤良方正"受到举荐。

次年，李玉鋐到京城述职，三十四岁的李方膺陪同父亲进京。觐见的时候，雍正皇帝怜悯李玉鋐年老，问道："有儿子和你一同来吗？"李玉鋐答："有第四子方膺同来"。问："现居何职？"答："是一名秀才，因为生性愚鲁，不会做官。"雍正笑着说："哪里有先学抚养孩子后嫁人的道理？所以，也没有先学做官才做官的呀。"

于是雍正帝召见了李方膺，并把他交给河南总督田文镜，以知县录用。田文镜字抑光，汉军正蓝旗人。田文镜虽不是科举出身，但因任河南布政使，巡抚期间执法严厉、政绩卓著而得到雍正的宠眷，为他特设了河南总督这一官职。田文镜对属下的严苛也是出了名的。雍正把李方膺交给田文镜，大概有既能得到照顾，又可得到严格锻炼的意思。果然在第二年，李方膺作为生员破格出任山东乐安县令。

父子俩一起离开京师，到涿州时分别。李方膺作诗一首："父子衔恩遭际殊，涿州分路泪如珠。"李方膺因为浩荡皇恩而被授予官职，感念圣上英明，本"负经世之志"，以"葵有丹心菊有骨"自励，牢记"谆谆农事生灵本"的父训，立志做一个好官，服务于百姓，效忠于朝廷。

第二节　波涛宦海几飘蓬

李方膺到任不久，正逢夏秋之际，乐安县遇上了一场大水灾。万家漂橹，情势紧迫。李方膺擅自开仓赈济，下令动用皇粮一千二百石，组织以工代赈，募民筑堤，缓解了灾情。但是青州知府弹劾他私开官仓，"擅动官谷"、"违例请粜"。

田文镜问询了事情原委，认为新到任的李方膺开仓济民是应变之举，称赞他胆识过人有功于民。况且考虑到李方膺是雍正特派过来的人，不好予以处罚，便就此作罢，并未责备李方膺。

灾后，李方膺亲自到附近各地勘察水利，谋求治水之道。经过实地考察写下《小清河议》、《民瘼要览》、《山东水利管窥》等著作。在他的治理之下，乐安县百废俱兴，三年任满，全县大治。

雍正十年（公元1732年），李方膺因功擢升为莒州知州。李方膺来莒州时，正值雍正八年（公元1730年）的洪水淹莒过后两年。这一年又遇到大旱，蝗虫为祸，疾病蔓延，州内赤地千里，哀鸿遍野。百姓纷纷背井离乡，流离失所，州内人口骤降，情状之惨，目不忍睹。

李方膺到任不久，便直接上书皇帝，如实奏报灾情，恳求赦免钱粮。后获得雍正恩准，特旨减免莒州钱粮，使处于苦难中的莒州人民减轻了负担，同时他又招抚流民，返回家园，积极进行生产自救，使州民在灾难之下初步安定了情绪，大都渡过了难关。

雍正十一年，也就是他主莒后的第二年，莒州再次蒙受冰雹风暴重灾，大部分农作物毁坏殆尽，民心再度惶然。上次灾情的上报，已经令上司感到很难堪，因为他们看重的是政绩和龙颜大悦后的擢升，但是李方膺的一纸奏章不仅道出了实情，还揭露了很多龌龊不堪的真相，令其他官员皆侧目。

但在李方膺看来，百姓的生命才是最重要的，刚正不阿的他绝不会因为考虑到上司的顾虑而放弃自己的原则。李方膺不顾官场迭次报灾的禁忌和同僚的苦劝，置自己的前程于不顾，打破官场惯例，再次上书皇帝，为民请命，又一次讨取了"分别灾情地域，酌减田赋"的旨意。他还劝百姓改种荞麦，广种菜蔬等作物，以此度过了荒年。经他这段时期呕心沥血的治理，莒州民生大有转机。

莒州百姓有好诉讼的风气，动辄对簿公堂，在官司上互不相让，这严重影响了农业生产和乡民之间的团结。李方膺处理这些案件时发现了一些规律，其实凡争讼之案，并非纯属人命奸情等大事，而多系田界、宅基之类小事。

这些小事，所以能引起争讼，以至闹到公堂，官司不休，甚而倾家荡产，其中大都坏在州内的一些讼师身上。这些以承讼为生的讼师，唯恐百姓不打官司，自己失去衣食饭碗，将双方矛盾不断扩大、激化，闹到不可收拾的地步，然后在公堂上攫取自己的利益。

李方膺在断案中理性分析案情，对诉讼双方动之以情晓之以理，从利害攸关处告诫当事人不要听从局外人的教唆。

莒州城南有兄弟二人，最初因为宅基界限问题产生了纠纷，在讼师的挑拨和怂恿之下，开始了旷日持久的诉讼。官司打了十多年，谁都不服谁，以至于田产殆尽。结果其兄在饥寒交迫中死于来州城投诉的路上。其弟害怕侄儿报复，整日提心吊胆，最后悬梁自尽。自此两家怨恨更深，延及后代子孙，后辈们冤冤相报，非要拼个你死我活。而讼师们不停地添油加醋，根本不管实际情况，置两家生死于不顾，从中作梗，坚持要通过诉讼去一争到底。

李方膺在任期间，这两家人又来上诉。李方膺得知了两家的情况，开堂时，双方讼师一派气势汹汹，但是，李大人下令不许讼师开口，他要亲自将两家的矛盾化解开来。通过在两家之间牵线搭桥，并且引用了"鹬蚌相争，渔翁得利"的故事将讼师的行为一一揭露，使其言归于好。最后问道："你们父、祖辈引起争讼的宅界寸土价值几何？由此争讼所费价值多少？尔等原本殷富之家，现在均已破产，并赔上数条人命，其田产资财何去？"

两家人幡然悔悟，追悔莫及。自此，堂叔兄弟们抛却前怨，不再争讼，围观百姓也深受启发。于是李方膺将堂上这群喜欢挑拨离间的讼师绳之以法。此后莒州诉讼之风不似从前猖獗，民风又重归淳朴。

李方膺十分重视文教，初到莒州，见到学宫坍塌，学子们已经无法在里面读书了，便拿出自己的俸禄，修缮扩建学宫。看着修葺一新的学宫他诗兴大发："数仞宫墙接斗牛，环桥泮水淡烟浮……但有清风嘘古殿，愧无化雨育名流……""瞻天东郡萃奎楼，况复当斗莒父州……指日英才欣辈出，还传宰执旧风流。"

从诗中可以看出，李方膺治理莒州的远大抱负和坚定信念。

在李方膺任莒州知州之前，《曹州志》已编成六十余年，但其后六十余年的莒州事记一直无人续修。李方膺赴任后，通过深入调查，以莒地因历经战乱、地震、天灾，人口凋敝，典籍散失为憾，认为莒地"而数千百年以来，圣贤所居，豪杰崛起，忠孝节义，以及文人才士，炳炳烺烺，多可纪者。若缺而不修，非所以彰往事，示将来也"。

因此，他"在州修乐安志毕，又题修莒志"。他利用政事所有暇余时间，独任其劳，亲自进行续修史料的整理编撰。他要求全州生员将六十余年间所发生的大事，广泛征集，实录相报。并和当地饱学之士战锡侯、陈有蓄、李嗣沐等，广为搜罗史志典籍残篇，重加考订，错者叙之，疑者网之，诞者削之。而自己白天理政，夜间审稿，严加推献核实，积三年之辛劳，终于大功告成。

正当他准备正式付印时，却奉调离莒，未能亲自将其成书。直到乾隆七年（公元 1742 年），彭甲声来莒任知州，才将李方膺所续修的这段莒志付印。虽然该志成于乾隆年间，但因文稿集成于雍正年间，并由李方膺亲手编撰之故，但仍将该志命名为《雍正莒州志》。彭甲声在该志序中说："余接李公志成，公为其劳，而余为其逸也。公为其劳而远在千里之外，余为其逸而在几席之间，举七十年山川、土地、风俗了如指掌。"可见当时的知州彭甲声对李方膺续修《莒州志》之举的钦敬心情。

雍正十二年（公元 1734 年），李方膺奉调返任乐安知县，同年冬改任兰山知县。兰山县地势低洼，多水患。李方膺抽空就到田间地头去考察地形，根据地势开通疏浚，亲临现场去监督和指导水利工程，有时他还要亲自上阵带着劳工们一起干活。工程最终顺利完成，造福一方，泽被后世。

其时正是王士俊继任河南总督，田文镜已经调离时。新来的总督王士俊，好大喜功瞎指挥，下令所管辖的各县开垦土地。因为这样可以增加自己的政绩，好在皇上面前邀功请赏。实际上，过度开垦需要征派百姓，耽误正常的农作，不仅劳民伤财，而且对环境的破坏也很大，不会达到增产增收的效果。

李方膺认为这是浮而不实的事，便坚决反对，拒不执行，并上书力陈开垦之弊："虚报无粮，加派病民，不敢睛附粉饰，贻地方扰。"这段话显然是李方膺没有把总督大人放在眼里的彰显，他要坚持为民做主。

王士俊被下属告到皇帝那里，内心十分恼怒，就捏造个罪名，将李方膺拿问下狱。

县民听过后，都感到很震惊，于是大家不顾危险，涌向大牢，带着钱财和食物要到牢中探望李方膺。狱卒不许，百姓便将食物从高墙上扔进了牢中，并将瓦沟都填满了，留下的酒坛子把监狱的大门和甬道都堵住了。

直到乾隆元年（公元1736年），高宗追究起开垦失策扰民的事，罢了王士俊的官，并开释所有因此事下狱的人员，才使这场冤狱得以平反。那天二鼓文书传到青州，当夜李方膺就被释放了。

李方膺入都觐见，立候在军机房丹墀西槐树下，大学士朱轼指给诸王大臣说："这就是劝阻开垦的知县李兰山也。"那些欲见而挤不上前的人，以手加额远望着说："就是瘦而长、眼睛很有神的那位吗？"少宗伯赵国麟和李方膺的父亲是同年进士，握着李方膺的手说："李贡南（即李玉鋐）真有个好儿子了！"觐见以后，乾隆将他调安徽以知县任用，李方膺请假回乡。后作《百花呈瑞图》题云："不写冰桃与雪藕，百花呈瑞意深长。只缘贤母传家训，惟愿儿孙向太阳。"

乾隆四年（公元1739年）左右，李方膺的父母相继病故。他在家服丧六年，乾隆十一年（公元1746年），守制期满，李方膺由家乡入京候选。进京的第二年，李方膺受命任安徽潜山县令，权知滁州府。

乾隆十四年（公元 1749 年）调任合肥县令，那一年，李方膺已经五十五岁。这时又逢上饥荒，他按过去的做法，自订了救灾措施，且又因不肯"孝敬"上司（只送去了两坛腌菜），而让太守认为受到了侮辱。当时的合肥，算是府治的首县，每逢到岁末，各县照例要向知府送上年礼，名为下属孝敬，实系公开敲诈属员。下官尽可以搜刮民脂民膏以博上司欢心，位子自然就会坐得安稳。李方膺却不阿谀奉承，这两坛腌菜一直令太守怀恨在心。

还有一次，知府大人要李方膺陪同下围棋，李方膺心不耐烦，不愿多为逢迎，棋局未终便告辞回衙。知府极为难堪，认为受到莫大侮辱，随后便向藩司进谗，遂捏造囤米、受贿、贪赃的罪名，把李方膺撤职审查，同时李方膺的两个老仆也受牵连下狱。后加了他个"莫须有"的"贪赃枉法"的罪名，使他罢了官。

虽满怀尊君爱民的抱负，但其性格上的刚正不屈，不愿污浊于现实黑暗的官场纷争，最终仍不免遭到诬陷，在任仅短短的一年多时间，于乾隆十六年即被罢官，彻底结束了他的为官生涯。

李方膺在《出合肥城别父老》二首云："罢官对簿已三年"，说明他被审问了三年之久。期间他往返于南京、合肥两地奔波，案情始得到了澄清，最终是"到底人心似水平"。

李方膺携老仆离开合肥时，还作了《出合肥城别父老》的诗："停车郭外泪潸然，父老情多马不前。茅店劝尝新麦饭，桑堤留看小秧田。"百姓送别被诬陷免职的李大人，纷纷泪湿衣襟，捧出自家蒸得喷香的面食希望能让他亲口尝尝。李方膺望着满面风尘的百姓和地里一望无际的禾苗，心中只剩下一份对他们最诚挚的祈福，但愿百姓的农事风调雨顺吧。前后做县令二十年，竟三次为太守所陷，他感慨万千地说："两汉吏治，太守成之，后世吏治，太守坏之。"

1746年，李方膺赴京觐见时，曾途经莒州，当时感慨万千，挥笔作《五鱼图》，画中题诗正是他历经坎坷而心志不屈的复杂情感的宣泄。画上的鱼儿或奋力腾空，或曲身回落，或摆尾前行，或神态稚拙。寥寥数笔，而游鱼之动态跃然纸上，虽不见画水，而水势自在。画上题跋曰："溪底鲨鱼满尺无？涓涓滴水易成枯。要从海里掀天浪，锦鬣金鳞入画图。"当年父亲领着李方膺面圣，向雍正说自己的儿子生性愚鲁、憨厚，不适合做官，真可谓"知子莫如父"。如今耿直的李方膺被排挤出官场，也算是父亲当年的话一语中的吧。

第三节　借园终日卖梅花

话说当年李方膺被上司王士俊关进狱中，直到皇帝过问此事，才为其平反昭雪，李方膺得以复职。后来李方膺回乡照料父母，直到父母病逝，离任居家丁艰服阕时间较长，他便利用这一充裕的时间进行绘画创作。

李方膺远离尘嚣，潜心作画，也偶到扬州等地，并与画坛人士多有交游，作品中已流露出鲜明的个性特征。这时的李鱓刚被罢官，滞留在山东作画，二人尚有书信往来。李方膺复官到安徽任上渐渐达到了其绘画风格的成熟期，直至后来合肥罢官后的南京卖画生涯，他始终把人格和个性融入绘画生命中，可以说绘画艺术是李方膺的又一条生命主线。

乾隆七年（公元1742年），他和丁有煜等人，为了促进艺术的发展，趁着通州举行院考的机会，发起通州及如皋、泰兴两县的画家、组织"沧州画会"，后来遭阻中止。他与丁有煜，既是同乡又是世交，他俩"雁行六十年"，情同手足，"相交四十五年"，肝胆相照。

丁有煜《哭晴江文》云："李晴江少余十五岁，交余四十五年，秩然无紊雁序。"他比方膺大十五岁，在方膺的习画生涯中，给予了极大的影响。

在南京，李方膺还结识了篆刻家丁敬。丁敬傲岸不群，千金难得其一印，但李方膺却得到过丁敬刻赠的好几方印。有人觉得很奇怪，丁敬自己在《印跋》言明："通州李方膺晴江，工画梅，傲岸不羁。罢官寓金陵项氏园，日与沈补萝、袁子才游……予爱其诗，为作数印寄之，聊赠一枝春意。"

本书在讲到金农时，写到过丁敬，他尤精篆刻，擅长切刀法，为"浙派"开山祖，"西泠八家"之一。但丁敬是一个十分自负的人，曾把求印之人训斥得悻悻而去，甚至连大盐商江春都畏惧丁敬的倨傲态度，可见李方膺是以自己超拔的人格魅力打动了丁敬。

他和文学家袁枚最为知己，经常往来，袁枚曾有"君言我爱听，我言君亦喜"的诗句，描写他们亲密无间的友谊。每当春秋佳日，他和袁枚及画家沈凤一同到郊外游览名山，观者号"三仙出洞"。

经历十多年的为官生活，李方膺深感宦海沉浮与人情冷暖的滋味，至此，使他毅然脱离仕途，更寄情于诗酒书画了。比李方膺年长而结成忘年交的南通画家丁有煜曾说：李方膺"谢事以后，其画益肆。为官之力，并而用之于画，故画无忌惮，悉如其气"。李方膺自己也说："波涛宦海几飘蓬，闭户关门学画工。自笑一身浑是胆，挥毫依旧爱狂风。"

去官之后的李方膺来到了繁华的南京，寄居项氏借园，自号"借园主人"。借园内有乐山堂、吟诗满月楼、寒香阁、青玉舫、快雪、时晴、琴台、归云、岫宜亭等建筑，景色宜人，环境幽雅。

直至乾隆十九年（公元 1754 年）秋因病回通州，其间整整四年时间，李方膺常与当时文坛泰斗袁枚、画家沈凤交往过从，谈诗论画，关系十分密切。袁枚曾有诗相送李方膺，诗集卷十一收了《送李晴江还通州》三首，第一首有句云："才送梅花雪满衣，画梅人又逐飞□。一灯对酒春何淡，四海论交影更稀。"

李方膺喜画风竹。他的《潇湘风竹图》画一方丑石，几竿湘竹，竹梢弯曲，竹叶向一个方向飘动，显示出狂风大作的情景。

但画竹不是李方膺最拿手的，他纸上所绘的梅花才真是享誉大江南北。李方膺爱梅成癖，已到了神与物游、物我两忘的程度。

据说他权知滁州的时候，一到任没会见一个人，先打听欧阳修手植梅花的所在地，当得知在醉翁亭，便急忙前往。在梅树前铺下毡毯，低头就拜。

李霞（李方膺之子）说他父亲有两个至交好友，一个是袁枚，另一个就是梅花。在李方膺心中，梅花最为高洁，孤芳自赏，因与他的个性相同而引为知己。李方膺画梅常以"平生知己"之印铃于画上。

他画的梅，"盘塞夭矫，于古法未有，识者谓李公为自家写生，晴江微笑而已"、"予性爱梅，即无梅之可见而所见无非梅"。他笔下的梅画形式感十分强烈，出枝章法灵活多变，不拘成规，潇洒飘逸，信手拈来，新枝老干，"蟠塞妖娇，于古法未有"。

郑板桥在《题李方膺墨梅卷》这样说道："日则凝视，夜则构思，身忘于衣，口忘于味，然后领梅之神达之性，挹梅之韵，吐梅之情，梅亦俯首就范，入其裁刻画之中而不能出，夫所谓剪裁者，绝不剪裁，乃其剪裁也。所谓刻画者，绝不刻画，乃真刻画也，岂止神行入画，更复有莫知，其然而然者，问之晴江，亦不能告人也。"

李方膺笔下的梅花，有着如此感人的艺术魅力，使郑板桥这样的高手佩服得五体投地，足见其造诣之高了。在郑板桥看来，李方膺的画"挥笔落纸墨痕新，几点梅花最可人，愿借天风吹得远，家家门巷尽成春"。这是他在一幅蜡梅图上的题诗，表现了自己心怀天下的胸襟，有杜甫"安得广厦千万间，大庇天下寒士俱欢颜"的气度在里面。他的画品一如他的人品，坦坦荡荡，直抒胸臆，至刚至大，正气凛然。

在南京卖画有五个年头的李方膺因身体不适回乡。病重时，曾勉力致书袁枚："方膺归两日，病笃矣！今将出身本末及事状呈子才阁下。方膺生而无闻，借子之文光于幽宫可乎！九月二日拜别。"

这是托袁枚为己写墓铭。待到袁枚收到这封绝笔信，李方膺已离世多日了。据送信人说："此吾主死之前一日，命元扶起，力疾书也。"

清乾隆甲戌（公元 1754 年）的九月三日，这年李方膺六十岁，得的是"噎疾"（食道癌），医者曰："此怀奇负气，郁而不舒之故，非药所能平也。"临终前，李方膺在自己的棺木上写下一生的遗憾："吾死不足惜，吾惜吾手！"正是他艺术上大显身手、大放光辉之际，却停止了他的画笔，这是很可惜的。李方膺死后附葬于其父李玉鋐墓右。

第八章　五分人才，五分鬼才
——罗聘传

罗聘（公元 1733—1799 年），字遯夫，号两峰、花之寺僧，祖籍安徽歙县。终身布衣，好游历，工画人物、佛像、山水、花果、梅竹。

罗聘是"扬州八怪"中最年轻的一位画家，传世作品有《鬼趣图》。

第一节　扬州新秀

罗聘生于雍正十一年（公元 1733 年）正月初七，算是"扬州八怪"其他诸位的晚辈了。罗聘原籍安徽歙县，和汪士慎是老乡。歙县呈坎村靠近"天都峰"和"莲花峰"。罗聘不忘其本，别号"两峰"，虽然世祖乾宗公的时候迁到扬州，距现在已经有很多年了。

罗家算是官宦之家，但并不富裕。其祖父罗国恒曾任浙江乌程知县；父亲罗愚溪，康熙五十年乡试中过举，但也是布衣一生。罗愚溪与郑板桥有交往，且善书画，但是父亲在罗聘刚满周岁的时候就去世了。罗聘的童年是在孤苦中度过的。

幼年丧父的罗聘由叔叔罗愫收养。罗愫是当地名宦，但也并不富裕。他喜爱金石，这对罗聘影响很大。

罗愚溪生有五个儿子，罗聘排行第四。罗聘有个与众不同的特征：眼睛生得碧蓝，晶莹可爱，家里替他起了小名叫"阿喜"。小罗聘从小就聪明勤奋，对所读的书，几乎过目不忘。当地很多村民都说，罗聘读书十分勤勉，而且小家伙懂事很早。

当时读书首先是为了掌握谋求衣食的本领，而且只有家庭条件允许的富家弟子才有机会衣食无忧地学习经书诗文，应考科举，比如从小环境条件优越的金农，接受了最完备最优质的教育，这也是他被称为"八怪"中学识素养最高者的一个原因。如果家庭条件一般甚至温饱都成问题，那么腾出时间精力和金钱，去读四书五经便是一件奢侈而不切实际的事情了。

尽管罗聘不算是寄人篱下，也没能得到亲生父母所给予的最无私的关怀。人们都知道，郑板桥是在父亲和乳母费氏节衣缩食的生存状态下，才勉强完成了科考必备的教育。所以罗聘很小就意识到自己肩膀上背负着很重的担子，若不能尽快找到安身立命的方法，就只能沦为贩夫走卒，一辈子在庄稼地里了。

歙县崇文之风兴盛，即便是在扬州定居多年，罗氏家族还是受到徽州"天下第一等好事，便是读书"之风的影响，使得罗聘坚持读书，但走的依然是一条读书与获利谋生并举的"读书就业"之路——卖字画，而且最主要的是卖画。就这样，通过勤学苦读，年纪轻轻的罗聘已经"通画学十三科，读奇书五千卷"，二十多岁在诗画方面已崭露头角。

罗聘的妻子方婉仪也是安徽歙县人，她生于雍正十年（公元1732 年）六月二十四日。此日据传为荷花生日——旧俗嘉兴将六月二十四日定为"荷花生日",又称雷祖(嫘祖)生日,盛行于清乾隆及民国时期,这日百姓倾城游南湖,可不付摆渡钱。

因此,方婉仪有"我与荷花同日生"之句,自号"白莲"、"白莲居士",是清代著名女画家。且方家世代官宦,她的祖父是广东布政使方愿瑛,父亲是国子学生方宝俭,都是通过读书而做官的。她父亲的官职不大,家境似乎也不怎么殷实。可相比之下,罗聘家境更为惨淡,能娶方婉仪为妻,是方家人凭志趣择婿的结果,也有罗聘的才华受到了方家的赞许和认可这个原因。

方婉仪幼习诗书、兼能绘画。先后师从华亭沈大成及女诗人蓝净老人徐德音学诗,画梅名满扬州。著有《学陆集》、《白莲半格诗》。

罗聘一家住在扬州的弥陀巷中,那是一条仅能容一人通过的小巷。沿着幽深的小巷躲开从外墙上垂下的长长的青藤,就可以发现一处叫"朱草诗林"的院落藏在深处。如今院内还有香叶草堂、倦鸟巢,是罗聘书画艺术纪念馆的所在,也是"扬州八怪"中唯一保留下来的私人住宅。

夫妇二人就是在这里一起生活的,两人情趣相投,虽然粗茶淡饭,但不改所乐,谈书画,游山水,赋诗词,形影不离,琴瑟和鸣。他们两人的结合在当时是广为传颂的佳话。"江山清淑之气,不钟于绮罗丰厚之闺阁,而生在清寒彻骨画梅相对之贫士家",是对于这对夫妻相当真实的写照。

方婉仪不仅才学很好,而且个性十足,她只作画不卖画。据说当时扬州有一名大盐商,慕名用 20 两银子来向方婉仪索画,被方婉仪婉言谢绝。此事在扬州传扬开去,为人津津乐道,方婉仪的名声也由此更大。而且这位才女还有聪慧贤淑的优点,受到长辈们的喜爱。嫁给罗聘之后,她鼓励罗聘从事书画创作和交游活动，自己也常常出现在扬州的诗文酒会上，这对罗聘艺术道路的拓宽起到了关键性的作用。

乾隆二十六年（公元1761年）六月二十四日方夫人三十岁生日，罗聘的老师金农赋七言古诗为祝："谢家才女夸门第，嫁得王郎好夫婿。"郑板桥也画了一轴石壁丛兰并题四句诗："板桥道人没分晓，满幅画兰画不了。兰子兰孙百辈多，累尔夫妻直到老。"众人将罗聘夫妻之间浓浓的伉俪深情融入诗情画意中。

乾隆四十三年（公元1778年）除夕的守岁宴上，方夫人还吟诗向罗聘劝酒："推敲解仆吟除夜，渲染儿工画岁朝。乐事人间如此少，劝君满饮酒千瓢。"然而，人无千日好，花无百日红。乾隆四十四年（公元1779年），方婉仪已经病了半年，缠绵床褥，卧床不起。家中断炊多日，罗聘四处借债，为婉仪买药。罗聘每天全部的生活就是买药、煎药，看着不见起色的妻子，强颜欢笑或者独自向隅而泣，偷偷落泪。

端午节的第二天，罗聘不得不离开妻子，去北京卖画，以摆脱这万分窘困的境地。临行前，罗聘与妻子互赠别诗以诉衷肠。

婉仪作诗一首为罗聘送别："病得清凉减四肢，膏肓终恐误秦医。自知死亦人间事，多是秋风摇落时。握手哪堪此别离，雨昏轻浪挂帆迟。病中不用君相忆，夜夜孤灯枕独倚。"罗聘看着虚弱的发妻，忍不住落下了泪水："出门落泪岂无情，君病空床我远征。默默两心谁会得，明知见面是他生。"

没想到，这一别竟成永诀，他才出门13天，婉仪就与世长辞了。方婉仪的死，给了罗聘极大的打击，此后的20年里，他发愤作画，勤读佛经，并再未续弦。

罗聘一家都长于丹青，罗聘夫妻自不必说。还有方夫人为他生下的二子一女，儿子罗允绍、罗允缵，女儿罗芳淑，都擅长画梅花。罗聘名重一时，求画者太多，经常是全家5人齐上阵，所绘梅花如出一辙，当时被誉为"罗家梅派"。清代学者蒋士铨进京路过扬州，曾拿出六尺花绫，请罗聘作梅花、牡丹、秋菊寿帐。

罗聘率领全家作画，一晚画成。次日，蒋士铨见之大喜，作长诗赞扬道："两峰为夫，白莲为妻，男能绍诗书，女有方淑仪，一家仙人古眷属，墨池画笺相扶持……""罗家梅派"的美名传遍宇内。

在之前的章节中已经有对卢见曾和马氏兄弟这两位与"扬州八怪"有着千丝万缕联系的儒官、儒商的介绍。

卢见曾是地方长官，有才学又能礼贤下士、爱惜文人，组织的文化活动规模大、频率高、影响很广，是当之无愧、众望所归的东南文坛盟主。

而马氏兄弟古道热肠、心甘情愿出资以助寒士，将文人名士汇聚在扬州，利用商界地位推动当地文化发展。

罗聘此时不过是个二十多岁的小伙子，却已经可以随意出入马氏兄弟的"借书楼"，被马氏兄弟奉为座上客；并且常常伴在卢见曾左右，随其出入。这个晚辈后生确实凭借自己的才华得到了大家的认同。

金农当时已经是极负盛名，在扬州名望很高。罗聘很想拜金农为师，但是他正困顿拮据，拿不出拜师之礼，便一直没敢造次。妻子婉仪认为金农不是只认钱的人，便鼓励丈夫写一首诗作为礼物呈送金农，也未必不可。婉仪笃定不移地坚信，丈夫出众的才学一定会被人欣赏。果然，金农就是从这首诗里看出了一个前途无量的罗聘，就像自己当年被毛河西前辈称赞"忽睹此郎君，紫毫一管，能不癫狂耶"时的情景一样，金农欣然收下了他。这段师徒佳话在坊间广为流传。

不过，民间关于金农收罗聘为徒还有另外一种说法：寒风瑟瑟，扬州街市因为将近年关而有些萧索。寒风中有位老人守着自己卖灯笼的摊位，还在等着过往路人前来问价。这时一个年轻人来买灯笼，见那灯纸上的图画都精美绝伦，忍不住赞叹，于是将囊中所有的银两都付给老人，要买下他所有的灯笼。

老人十分奇怪，这个看起来并不富裕的小伙子为何要买这么多灯笼？又将如何处理这些灯笼呢？于是随即收摊，随着年轻人一直到家。老人透过他家破败的窗户看到这个年轻人竟拆散了所有的灯笼，将有画作的灯笼纸小心翼翼地收藏了起来。

这个老人便是金农，金农十分感动，见这个年轻人如此喜欢书画，便决定收他为徒。这个年轻人就是罗聘，从此罗聘成了金农的入室弟子。

这则故事其中涉及的情节也是有一定根据的，比如金农晚年确实曾卖过灯纸，他虽然画名很盛，却过着穷困潦倒的生活。

其实故事在于说理，不必过分探其真伪，这里可以看出师徒二人是趣味相投，相互肯定的。

事实上也确是如此，当时住在西方寺的金农尤其喜欢这个"波澜吻纵之才，值文酒风驰之会"的年轻人，经常在诗画上给予提点。罗聘也佩服这位诗书画印无所不精的大师，真诚地赞叹"冬心先生真吾师，渴笔八分书绝奇"。

乾隆二十一年（公元1756年）冬，二十四岁的罗聘拜入七十岁的金农门下，成为金农日后最得意的弟子。在金农门下学画的日子里，罗聘学习了梅、人物、马、奇树等许多技法，为他日后的艺术发展打下了坚实的基础。罗聘作为晚辈对金农不仅以老师相称，其情谊可以说甚于家人。

乾隆二十二年（公元1757年），就是卢见曾主持空前盛大的"红桥修禊"的那一年，也是乾隆将要南巡的那年。各位盐官、盐商们忙着争奇斗艳地大造亭园，保障湖（即今瘦西湖）和五亭桥、莲性寺白塔正在开挖和赶建，"两堤花柳全依水，一路楼台直到山"的格局也正在形成，大家都忙得忘乎所以。而这师徒二人却还在西方寺和朱草诗林里教学诗画。金农自知生命所剩的时日不多，恨不能将所有的学问技巧都传授给这个好学而聪颖的徒弟。

金农曾说："初仿江路野梅，继又学予人物蕃马，奇树窠石。笔端聪明，无毫末之舛焉。"夸赞罗聘的绘画是"笔端聪明，无毫末之舛焉"，给予了弟子很高评价。

当时就有见罗聘如见金农的说法，看来罗聘已经深得金农真传。金农晚年倦怠，若有人求画，便常常命罗聘代笔。

故宫博物院收藏有两封金农致罗聘的信札，从信上的内容看，金农在让罗聘为自己代笔的同时，会指出罗聘前次作品中的错误和败笔，言语中肯，循循善诱，在画面构图、设色等方面给予指点。这两封书信是师生间很平常的交往，从中可以窥见金农对罗聘艺术上的指导。

在金农七十四岁时，罗聘在自己家里为老师画了一幅《冬心先生蕉荫午睡图》，神态惟妙惟肖，趣味盎然，金农特地在上题了长跋，师生情谊，洋溢于画面诗间。

这幅画上的金农，方头大耳，五官饱满，浓眉下垂，光光的后脑勺上竟梳着一根细如鼠尾的小辫子。

金农也有自画像付与罗聘，题记说："……聘年正富，异日舟屐远游，遇佳山水，见非常人，闻予名欲识予者，当出以示之，知予尚在人间也。"金农好像是在嘱咐小徒弟罗聘，让他要趁着年轻多出去领略一下大好河山，去拜访那些水平不俗的高人。

两人的感情十分真挚而坦诚，已然超越了一般师徒之间的关系。罗聘已经将金农视为自己的父亲。对于金农的谆谆教导，罗聘回报以至诚的孝道。罗聘在向年迈的金农学习期间，无日不"追随杖履、执业相亲"，罗聘拜入金农门下时，金农的妻子已经去世，其生活起居多由罗聘照料，一直到1763年，金农在七十七岁时去世，也是罗聘为其治丧下葬，并护送老师的灵柩归葬浙江临平。

第二节　北上京师

恩师故去，让罗聘这个从来没有感受过父爱的人，反而体会到了失去父爱的痛楚。

乾隆三十年（公元1765年），郑板桥去世，标志着前"扬州八怪"时代的结束。"扬州八怪"只剩下罗聘一人，他更是成为人们追慕的对象。按理说，独步扬州画坛的罗聘的日子应当过得不错。因为，惯于附庸风雅的扬州盐商对于字画的需求量是相当大的。但就在数年之后，他做出了改变他后半生的重大决定——上北京。

突然掉头向北，这是为何？罗聘还记得老师曾经的嘱咐："聘年正富，异日舟展远游，遇佳山水，见非常人。"金农曾经漂泊大江南北，见识阅历都很丰富，所以他希望罗聘也能多出去看看外面的世界。再有就是金农的部分诗作和砚铭，生前汇刻成《冬心先生集》和《冬心斋砚铭》；《画佛题记》也在金农七十六岁那年由罗聘和另一弟子项均刊刻印行。可是还有不少诗作流散各地，未能汇集。循着老师生前的足迹，搜寻遗稿，编成《冬心先生续集》，是罗聘的一大心愿。

乾隆三十六年（公元 1771 年），罗聘第一次沿着运河进了京城。中途没有驻留别处，一路风雨兼程，马不停蹄地赶赴京师。到了京师，他住在万明寺，接待他的是京师要员詹事府詹事、金农生前故友钱载。钱载是著名的诗人、画家和鉴赏家，与金农是挚友，所以他像金农一样关照着罗聘。不久，罗聘就拜谒了当时权倾一时的乾隆近臣、二品大员内务总管（时人称"相国"）英廉，并受到英廉款待，成为其府中的常客。看来金农的名声响亮，给高徒罗聘提供了很好的机遇。

由于经常有机会出入高层官员和文人的诗画游宴活动，罗聘声望渐高，而罗聘自己也已经在京师紧锣密鼓地组织起自己的"人脉网"。其中包括翁方纲、程晋芳、钱大昕、纪昀等人。纪昀在《滦阳消夏录》中有一段记述："扬州罗两峰，目能视鬼……所画有《鬼趣图》，颇疑其以意造作，中有一鬼，首大于身几十倍，尤似幻妄。"

纪昀在这里为罗聘打了一个广告，说罗聘拥有一双能看到"鬼魂"的双眼。一时间，蓝眼睛的罗聘和他的《鬼趣图》成为京师街头巷尾热议的话题，罗聘盛名乍起。

《鬼趣图》一共 8 幅，但在这些画上，罗聘没有任何题跋，他自己对《鬼趣图》终生保持沉默，没有留下一句话，几幅图越发显得神秘迷离。据说罗聘在绘制《鬼趣图》时运用了一种独特的技法，画鬼前先将画纸打湿，再在湿纸上挥毫作画，湿纸上画鬼的效果极佳，朦朦胧胧，影影绰绰，与众不同。湿纸上挥毫作画难度极大，落笔的轻重缓急都是关键，罗聘的湿纸画法则运用恰到好处，整个画面布满幽冷，鬼趣图几乎无人能仿。

为何罗聘要画这样一幅画？他的蓝眼睛真的可以看到鬼魂么？这些看了使人恐惧又发笑的《鬼趣图》，刻画的到底是谁？罗聘想要说什么？

联系当时的文艺现象，这一点就很清楚了。蒲松龄的《聊斋志异》谈鬼，袁枚的《子不语》谈鬼，纪昀的《阅微草堂笔记》谈鬼，稍后的王椷的《夜雨秋灯录》、沈起凤的《谐铎》也谈鬼。他们之间的思想艺术高低不同，谈鬼则一。身处于清朝残酷的民族压迫和封建压迫的时代里，正直的文人们如蒲松龄、罗聘等人，虽然对这种社会现状不满，但由于历史条件的限制，他们不可能认识到造成这种现状的根本原因，更不能把这种不满情绪表现为正面的、公开的反对，只能通过文艺作品曲折地反映丑恶的现状，表现他们的"孤愤绝俗"，或者借题发挥，讽刺这个丑恶的社会。

借鬼喻世，借鬼讽世，直接作用于社会的目的是清楚的。这是当时一种风气，也是一种托词，谈鬼比谈人风险要小。今人认为，罗聘画鬼其实是当时社会生活中如何用一种极隐晦、曲折的讽刺去揭露社会贫富差距之大，以及"蝇营狗苟"的官僚士大夫的荒淫无耻的丑陋嘴脸。在他看来，官场上的虚伪狡诈，附庸风雅，以及人情的冷暖莫测就是他要鞭挞的。他所绘的便是乾嘉时期的社会"风气日薄，人情日巧"。

罗聘虽然在京师受到了不错的待遇，但是穿梭于王公贵族之间的结党争权、趋炎附势的他，回头看到了挣扎在生死线上的百姓和社会上普遍寻常的"朱门酒肉臭，路有冻死骨"的景象，心中的落差难以平复。他并没有点名道姓地指责谁，甚至连自己的意图一丝一点都没有透露。但是积郁的愤慨已经显而易见，以至于老乡大盐商出身的程晋芳劝他："斯图即奇特，洗手勿轻试。"

掩饰得再巧妙，终究还是会惹出麻烦，于是劝罗聘金盆洗手，赶紧回家。当然，罗聘并非由于生理上的特殊，所谓"我岂具慧眼"，不过是怀有一颗敏感而慈悲的心罢了。

关于罗聘的眼，民间有许多传说逸闻。有人传说他能白日见鬼，画出了有名的《鬼趣图》；也有人传说他能白日见神，说他画神像时还能同神见面。相传有一天，有位好友来请罗聘画一幅神像。

原来扬州城北关帝庙年久失修，屋顶漏雨，竟把关帝塑像淋坏了。这可不是闹着玩的，样子难看倒是其次，失掉了关帝爷的威风，关帝爷是要发怒的。可是，要修塑像就要花钱，关帝庙本是一些无家可归的穷人的栖身之地，哪来的钱呢？富商们是不肯捐助的，因为他们有观音菩萨保佑。只有穷苦百姓才要靠关帝爷给自己撑腰壮胆。怎么办？大伙合计出一个主意：请罗聘先画一幅关帝像挂上去。

这件事使罗聘为难了，眼下正是关公磨刀的日子。都知道关公每年春天都要磨刀，磨刀水洒落下来，就变成了雨。越下雨，刀越上锈，他越是磨。他天天磨刀，人间就天天下雨，他自己忙得不可开交，地下也阴雨不断头。罗聘一算，要待半个月后关公才有空闲。可是大伙儿求画心切，怎么办呢？只有勉为其难了。

第二天，罗聘在画案前摆好香烛供果，沐手焚香后，心中暗暗祷告。不一会儿，天上突然刮起三阵狂风，飘来一片阴云，据传罗聘在昏暗之中，只见关公提着大刀，威风凛凛地来到他的画案前。他赶忙施礼，又如此这般地诉说了作画的缘由，说到使绘像形合神似的事情关公发出一声长叹，责怪罗聘误了他的大事。罗聘以为是误了他的磨刀大事，想上前赔罪。关公却道："此事比磨刀更大。"

什么事呢？原来是连日阴雨，江淮一带泛滥成灾，这几天关公正忙着救灾抢险，听到罗聘招呼，以为扬州有灾情，便急切赶来。这时关公对罗聘说："我多耽误一刻，不知要多伤亡多少人命，绘像之事只有改日奉陪！"说罢，急匆匆地去了。这时罗聘也不送行，赶紧提笔作画，寥寥数笔，迅速勾画出关公的神态和举止动作，正准备描画腿脚部位时，突然一声长嘘把他惊吓住了。原来发出一声长嘘的就是罗聘的一位好友，他这一嘘不要紧，罗聘却再也想不起关公下半身的模样了。等到罗聘的好友问清缘由，这才晓得关公的下半身凭空乱画那是对关帝爷大不敬的，罗聘灵机一动，顺手画了一片云气遮挡了腿脚的部位。

关帝像在庙里一挂出，很快就轰动了扬州城，连四乡八镇的人都赶来烧香上供，都说扬州的关帝爷比外地的更灵验。香客多了，穷人也能做些小买卖，日子也好过多了。

当然，这只是一个传说，但却反映了画鬼画神技艺高超的罗聘在民间的影响。

乾隆三十四年（公元 1769 年）秋，罗聘接到妻书，催其南归。罗聘启程时，以诗赠行者达 65 人，均是京师要员，可见罗聘当时在京的影响。

第三节　晚年得意

罗聘结束第一次游历京城的旅途，并没有直接回扬州，为收集其师金农遗稿，在天津作了一段时间逗留。因为金农唯一的女儿海珊远嫁天津，所以很多诗稿遗留在海珊那里。

乾隆四十四年（公元 1779 年）时，在方婉仪支持下，他再次北上，那时，妻子婉仪已经病重难愈，罗聘与她挥泪作别。罗聘五月初动身，六月中旬住在济南客舍，一天夜里忽然梦见方婉仪手持自己画的梅花卷出现在他面前，说："我，滇南去矣！"

罗聘醒来，百思不解，等他八月到了京城，来自家乡的一个叫万华亭的告诉他，方婉仪已于五月十九日在扬州病逝了。真是"且换死别作生离"。他身居古庙，对月难眠，感叹道："空有千秋业，曾无十日资。欲归归未得，何以慰儿痴？"罗聘于万分悲痛中，作长歌以当哭，并从此取号为"衣云和尚"，终身未娶。他还请其好友、京师大儒翁方纲为方婉仪撰写了《女士方氏墓志铭》，其铭结语为"万卷梅花，一卷白莲，其画也禅，其诗也仙；吾文冰雪兮，与此石俱传"，对方白莲的才情人品给予很高的评价。

孰料，此次北上京师，历经一年半，罗聘四处碰壁，没有人愿意帮助他。当时，罗聘正身居古庙，身无分文，欲回不能。百般无奈时，他亲手抄录了妻子写的一首诗，然后送给一名当朝显贵，希望能博得他的一点同情或施舍，但事与愿违，他无法弄到回家的路费。真可谓是"人生都作画图看"，当年讽刺世事炎凉的《鬼趣图》如今真实地发生在自己身上。他也从此不再画鬼，而改画佛了。

据说过去他曾做一梦，梦见自己踏进一座寺庙，庙的名字叫"花之寺"。他认为自己前世就是这座庙的住持，因起号"花之寺僧"，他画佛像，都题这个名字。

罗聘回到扬州之后，发现扬州的画坛又恢复了生机，重要标志是盐商以重金延请罗聘于新建的重宁寺作壁画。扬州天宁寺是驻跸的行宫，天宁寺后面的重宁寺是祝祷之地，为了迎合皇帝，盐商们出资修缮。盐商还请罗聘董理瓜洲育婴堂的慈善事业，这是有声望的人才能出任主持的。罗聘借此一革营私舞弊的行为，对待孤儿"恩爱若同生",为地方上做了好事。

10年后,乾隆五十五年(公元1789年),年近花甲的罗聘又带着小儿子允缵三上京城。这时,他已是画界知名的大师了。罗聘这次上北京,以其精湛的绘画艺术轰动了京城,"一时王公卿尹,西园下士,东阁延宾,王符在门,倒履恐晚"。他刚刚住定,一些风雅的士大夫便登门不歇,求索画作,甚至一些在京的朝鲜人也携重金来买他的画。这次来京实在是满面春风,好不得意,罗聘一生的巅峰也就在这一阶段。

罗聘这次来京住的时间最长,共有八年之久。在这八年之中出现的最大的一件事,就是嘉庆元年(公元1796年)正月初四日,罗聘荣幸"躬逢"千叟宴。

千叟宴最早始于康熙,盛于乾隆时期,是清宫中的规模最大、与宴者最多的盛大御宴。清帝康熙为显示他治国有方,太平盛世,并表示对老人的关怀与尊敬,因此举办"千叟宴"。但是根据清廷规定,凡参与千叟宴者,必须为公卿贵族六十以上者或是民、兵七十以上者。但此时的罗聘一不是公卿贵族,二他年仅六十四岁,并不符合上述条件。

这场盛宴上八十六岁高龄的太上皇乾隆帝召请王公一品大臣与宴会中九十岁以上的老叟,到御座前,亲自赐给他们御酒。他又命自己的皇子、皇孙、皇曾孙、皇玄孙等,给殿内王公大臣行酒;皇宫侍卫负责给殿外的与宴者行酒。饮馔观剧结束后,与宴人员即席赋诗,这是中国古来君臣宴会上的传统,在清代达到极致。

这一次宴会后结集的诗作共有3497首。这次千叟宴结束后,乾隆帝以太上皇身份继续掌控朝政3年,直到他驾崩。但从象征意义上,这次宴会意味着乾隆时代宣告结束,中国历史上的"康乾盛世"也在千叟宴的一片喧闹中画上了一个句号。

手头宽裕了，兴致更高了，罗聘的屐履踏遍了京城的游览名胜，可由于罗聘"豪挥卖画钱"、不善理财的习惯，致使他晚年在京师境况甚为窘困。加之在京的时间长了，显贵们和世俗之士对他渐渐淡了，诗文雅会也少了，"徒以绘事之精，用博名流之玩"，他深知自己不过是附庸风雅的人们使用过的工具而已。那些真与他交好的人却又爱莫能助，只有对他在异乡的冷遇表示痛惜，并劝他及早归里："……异地之赏音已少，故山之招隐方殷。鸟倦须还，鲈香可慕……能寻夙约，来话旧游……"这时，有人得知他要回乡，便上门来讨债。原来，他不仅把卖画挣来的大把钞票给花了，还欠了一些债务。可是他这时卖尽衣服都还不清旧债，哪里还有回程的路费？直到嘉庆三年（公元1798年），扬州一位做盐运使的朋友曾宾谷闻讯，才资助罗聘的大儿子允绍赶到京城，把父亲和弟弟接回扬州弥陀巷朱草诗林家中。

回扬州不久，年老体衰、积劳成疾的罗聘因受三兄罗秀峰生病去世的刺激，整日"衰颜惨淡，老泪飘萧"，也一病不起。

嘉庆四年（公元1799年）七月三日子时，这位画名甚高而生活甚苦的老画家与世长辞，享年六十七岁。十一月十二日出葬的那一天，随枢执绋的有数千人之多，这种景况是空前的，足见这位老画师在扬州人心中的地位和影响了。